Qué dicen sobre
Controla tu enojo en 30 días

"Deborah Pegues habla sin rodeos cuando reta a los lectores a asumir la realidad y enfrentar las emociones subyacentes que causan el enojo. Las verdades prácticas que contiene este libro te harán libre".

Stephen Arterburn, fundador y presidente de *New Life Ministries*, popular autor y presentador de *New Life Live!*, un programa de radio retransmitido en todo Estados Unidos

"*Controla tu enojo en 30 días* presenta estrategias claras sobre cómo sobreponerse a los sentimientos leves y fuertes de disgusto y, a la vez, preservar la paz mental y las relaciones. ¡Léelo y crece!".

Marilyn Hickey y Sarah Bowling, presentadoras del programa internacional de televisión *Today with Marilyn and Sarah*

"Una vez más, Deborah Pegues nos obliga a examinarnos con una mirada objetiva y bíblica, y a ver cómo respondemos a los problemas de la vida. Este libro contiene desde pautas sobre cómo moderar nuestra indignación justa hasta cómo controlar factores no emocionales que nos llevan al enojo garantizarnos la paz m de leer y que, sin duda yo lo haré!".

Jue  rte de divorcio, interpersonales

Otros libros de Deborah Smith Pegues:

Controla tu enojo

en 30 días

Cómo encontrar la paz cuando
estás irritado, frustrado o enojado

Deborah Smith Pegues

EDITORIAL
PORTAVOZ

La misión de Editorial Portavoz consiste en proporcionar productos de calidad —con integridad y excelencia—, desde una perspectiva bíblica y confiable, que animen a las personas a conocer y servir a Jesucristo.

Título del original: *30 Days to Taming Your Anger* © 2013 por Deborah Smith Pegues y publicado por Harvest House Publishers, Eugene, Oregon 97402. Traducido con permiso.

Edición en castellano: *Controla tu enojo en 30 días* © 2013 por Editorial Portavoz, filial de Kregel Publications, Grand Rapids, Michigan 49501. Todos los derechos reservados.

Traducción: Rosa Pugliese

A menos que se indique lo contrario, todas las citas bíblicas han sido tomadas de *La Santa Biblia, Nueva Versión Internacional*®, copyright © 1999 por Biblica, Inc.® Todos los derechos reservados.

EDITORIAL PORTAVOZ
P.O. Box 2607
Grand Rapids, Michigan 49501 USA
Visítenos en: www.portavoz.com

ISBN 978-0-8254-1960-7 (rústica)
ISBN 978-0-8254-0549-5 (Kindle)
ISBN 978-0-8254-7999-1 (epub)

1 2 3 4 5 / 17 16 15 14 13

Impreso en los Estados Unidos de América
Printed in the United States of America

Este libro está dedicado a mi madre,
Doris Lavon Smith,
que partió a su hogar celestial
el 23 de mayo de 2012.
Su amor incondicional, su apoyo y su fe
en el poder de Dios
me inspiraron a lograr mis sueños.

Reconocimientos

Estoy eternamente agradecida al Espíritu Santo que me sostuvo mientras escribía este libro, cuando enfrentaba muchas circunstancias difíciles que amenazaban con distraerme, incluida la muerte de mi amada madre. A Él sea toda la gloria.

Mi esposo, Darnell, es para mí un regalo en todo sentido. Nunca podría ofrecer a Dios suficiente servicio para compensarlo por haberme bendecido con alguien tan preciado como él.

Los intercesores que oran por mí fueron una ayuda incalculable. Gracias, pastor Edward Smith, Renee Hernandez, Billie Rodgers, Cheryl Martin, Michelle McKinney Hammond, Diane Gardner, Yvonne Johnson, Terri McFaddin Solomon, Jeanette Stone, líder del grupo de discipulado de la comunidad *Zoe Christian Fellowship* de Whittier y ese grupo de mujeres maravillosas. Gracias a todos los que bombardearon el cielo por mi causa. Les quiero a todos.

Mi equipo de "recursos" fue increíble con sus historias, libros, experiencias personales, apreciaciones y apoyo. Gracias a Albert Thomas, Pamela Johnson, Elvin Ezekiel, Gerald Johnson, Kari Herreman, Alvin y Pamela Kelley, Kelvin y Delisa Kelley, Ricky y Diane Temple y a todos aquellos que tuvieron una contribución anónima. Los nombres de las personas en las historias que aparecen en los distintos capítulos se han cambiado para proteger la identidad de las personas.

Gracias a mi equipo de Harvest House Publishers por hacer realidad este proyecto: al presidente, Bob Hawkins hijo, al editor de adquisiciones Terry Glaspey, al editor sénior Rod Morris y al resto del excelente equipo. Su compromiso de producir literatura cristiana de calidad es insuperable. Me siento honrada y agradecida por contar con ustedes y gozar de su favor y apoyo.

Contenido

Parte 4: Los desencadenantes no emocionales del enojo

Prólogo

Un mundo desquiciado

Un viernes, a eso de las tres de la tarde, me uní al tránsito lento de la autopista Interestatal 10 rumbo al distrito de la indumentaria de Los Ángeles. Necesitaba comprar algunos botones especiales para reformar una prenda que pensaba usar el fin de semana. La verdad es que debería haber salido más temprano ese día, pero había estado respondiendo correos electrónicos y me había retrasado. Sin mucho tráfico, ese breve recorrido solía llevarme menos de una hora, ida y vuelta.

Pocos minutos después de tomar la autopista, miré por el espejo retrovisor y vi un enorme vehículo deportivo todoterreno apenas a centímetros de mi parachoques. Llegué a la conclusión de que el conductor que venía detrás de mí intentaba intimidarme para que me apurara. Inmediatamente me sentí *disgustada*. Ese hombre estaba traspasando mis límites de conducción en autopistas. Pensé: *Debería darle una lección y conducir aún más lento. ¿No ve que no es posible ni seguro ir más rápido en este tránsito?*

Mientras me planteaba si debía tomar represalias o ignorar a ese bravucón, el tránsito se detuvo casi por completo. No había forma de que me saliera bien el plan de correr a mi tienda favorita de productos textiles, comprar los botones y volver a casa antes de las cuatro de la tarde ese día. Me sentía sumamente *frustrada* por tener que ir a paso de tortuga.

Después de lo que pareció una eternidad, el tránsito finalmente comenzó a circular con lentitud otra vez. Decidí que lo mejor era salirme de la autopista y conducir por las calles laterales el resto del trayecto. Mientras me acercaba al carril de salida, un auto pasó a toda velocidad por el arcén y casi chocamos. Me dio un susto terrible. ¡Estaba *furiosa*! El conductor podría haberme matado. Fantaseé sobre cómo sería dispararle a las ventanas de su auto con un arma no letal, específicamente diseñada para castigar a conductores imprudentes. En ese momento, comprendí por qué algunas personas cometen actos de violencia al volante. Desde el momento en que Caín mató a su hermano Abel hasta la insurrección de la "primavera árabe" de 2011 contra los opresivos regímenes de gobierno en el Medio Oriente, el enojo ha sido una de las principales motivaciones del comportamiento negativo del ser humano. No obstante, incluso a Dios se le puede hacer enojar. De hecho, hay más referencias bíblicas al enojo de Dios que al del hombre. Sin embargo, el enojo de Dios siempre fue en respuesta a la violación que hizo el hombre de los pactos o mandamientos divinos.

Conozco muy bien la poderosa emoción del enojo. Crecí en un hogar en el que las muestras de enojo se daban con la misma frecuencia que las visitas al mercado. Mi papá era un buen proveedor que ejercía una excelente disciplina financiera, pero tenía un temperamento explosivo. Con siete niños en el hogar, incluidos seis varones revoltosos y una esposa que nunca aceptó del todo la idea de un presupuesto familiar, nunca faltaban comportamientos para provocarle. El maltrato doméstico y el castigo corporal eran moneda corriente. Incluso, aun cuando todos se portaban bien, papá siempre parecía enojado. En lo más profundo de su ser, él amaba a Dios. Era un fiel diácono y director de escuela dominical y un tesorero confiable para la iglesia; sin embargo, el enojo le superaba. Y al igual que la mayoría de los padres, dejó a sus hijos un legado de mal manejo del enojo.

Yo solía pensar que había escapado ilesa, ya que todos me veían como la equilibrada de la familia. Me negaba a sucumbir ante los arrebatos de ira o violencia. ¡Hasta este día no recuerdo haber tenido una pelea con gritos o violencia física con nadie en toda mi vida! Sin embargo, gracias a una gran consejería, a la oración, al estudio de la Biblia y a mucha autoevaluación, descubrí que yo también estaba manejando mal mi enojo. A menudo lo expresaba hablando serena, con un sarcasmo meloso destinado a humillar a mi oponente, o alejándome por completo de los que me ofendían, y buscando refugio en la comida.

Todos somos muy diferentes en nuestras percepciones de los sucesos que desencadenan el enojo y en nuestra respuesta a estos. A la mayoría de nosotros, nos cuesta franquear el gran abismo entre la primera y la segunda parte de la exhortación del apóstol Pablo: "Si se enojan" y "no pequen" (Ef. 4:26). Es hora de tomar el control de esta emoción poderosa y no permitir que nos controle.

Te advierto que este libro tiene un enfoque decididamente bíblico sobre la manera de lidiar con esta compleja emoción. Digo "compleja" porque incluso cuando pienso en la experiencia de la autopista que mencioné, me doy cuenta de que en cuestión de instantes puedo experimentar tres grados de enojo: *disgusto, frustración y furia*. Cada uno de estos sentimientos de descontento tiene una profundidad y una duración diferentes. Lo que deseo es mostrarte maneras prácticas de minimizar estas emociones y vencerlas. Y por supuesto, ninguna exposición sobre el enojo sería completa sin abordar la *indignación*, el enojo bueno y justo que sentimos ante la injusticia; es decir, el enojo con causa. Un enojo que a menudo puede ser desmedido si no contenemos nuestro celo.

Dado que muchos de los factores que desencadenan nuestro enojo los generan otras personas, la mayor parte de este libro abordará tales comportamientos. Te ayudaré a identificar tus factores desencadenantes y a explorar maneras de lidiar con las emociones de fondo que preceden al enojo —o emociones primarias—, que a menudo son la raíz de nuestro descontento.

Finalmente, explicaré cómo vencer ciertos factores externos que contribuyen a esta emoción de protesta *dada por Dios*. Sí, el enojo es una protesta contra una violación real o percibida de nuestros principios, nuestra paz, nuestras posesiones, nuestras preferencias, nuestros planes, nuestro bienestar físico o nuestras relaciones personales.

Parte 1

La naturaleza de la bestia

Día 1

El disgusto: Domina tus factores desencadenantes

Disgusto: *una molestia temporal que genera un leve descontento.*

Siempre que puedo, intento atender personalmente mi teléfono de la oficina. Es mi intento por contrarrestar la influencia de la comunicación impersonal, que es muy normal hoy día. Sin embargo, me disgusto cuando la persona que llama, y se da cuenta de que está hablando conmigo y no con mi asistente, me cuenta toda la historia de su vida con los más mínimos detalles. Incluso después de orar con esa persona y animarla, lucho con la tentación de disgustarme.

El disgusto es enojo en su forma más leve y de menor duración. Es inevitable disgustarse en la vida cotidiana. Estoy segura de que podrías hacer una lista de comportamientos que normalmente te disgustan o molestan. Quizás te puedas identificar con algunos desencadenantes comunes que han mencionado otras personas:

"Los usuarios de teléfonos celulares desconsiderados".

"La atención al cliente irrespetuosa o indiferente".

"Los conductores que manejan pegados a tu parachoques".

"Las personas que se mueven con excesiva lentitud".

"Las personas que traspasan mi espacio personal".

"Los padres que no se hacen cargo del comportamiento molesto de sus hijos en público".

"Las personas que pasan por mi casa sin llamar previamente".

"Un invitado que trae a una persona *no invitada* a la cena que organicé".

"Las personas que conversan entre sí mientras otra está hablando".

"Los compradores que tienen veinte productos y se ponen en la fila de diez productos o menos... justo delante de mí".

"Las personas que me llaman 'querida', 'corazón' o cualquier otro apodo cariñoso".

"Los mendigos que tienen mal trato o son desagradecidos".

Estos descontentos temporales no solo nos generan impaciencia, sino que también amenazan con robarnos la paz, si lo permitimos. Si vives en el planeta Tierra, donde las personas no siempre se comportan como deberían, te conviene desarrollar algunas estrategias útiles para sobrellevar este tipo de situaciones. De otra manera, los disgustos mal manejados, rápidamente, pueden convertirse en un enojo rotundo con consecuencias destructivas.

Aunque algunos comportamientos pueden enfrentarse de una manera directa, que honre a Dios (como la vez que una compañera de la universidad me miró con cara de súplica y me dijo que el ruido que hacía con el chicle la estaba volviendo loca), muchas situaciones molestas no nos dan otras opciones más que aceptarlas o ignorarlas. El rey Salomón nos exhorta: "El buen juicio hace al hombre paciente; su gloria es pasar por alto la ofensa" (Pr. 19:11). Y sí, ya sé que hace falta una gracia especial para pasar por alto cosas que nos crispan los nervios, pero el secreto es aceptar la gracia que Dios nos da para cada situación.

La gracia es la capacidad de Dios de darnos el poder de hacer, por medio de nosotros, lo que nosotros no podemos hacer en nuestras propias fuerzas. Todas las personas llenas del Espíritu dan frutos de amor, paz, alegría y paciencia; estos son frutos del Espíritu (Gá. 5:22-23) que nos dan la victoria sobre las situaciones que nos molestan. El problema es que, al igual que los frutos naturales, el fruto del Espíritu necesita *desarrollarse*; no se manifiesta de manera natural o automática como nuestra primera respuesta a las dificultades de la vida. Se requiere de práctica, práctica y práctica. Una vez que nos comprometemos decididamente a ejercitarlos, avanzaremos de manera sistemática a niveles superiores de madurez espiritual y emocional.

Otra clave para mantener nuestra paz cuando nos encontramos ante un suceso que nos genera disgusto es cambiar de perspectiva. La mayoría de nosotros tiende a evaluar las acciones de otras personas a través de nuestra mirada personal. Nos enfocamos en cómo nos comportaríamos *nosotros* en esa situación:

"*Yo* siempre me fijo en el volumen cuando uso mi teléfono celular en público".

"*Yo* siempre mantengo una distancia física adecuada

cuando interactúo con los demás, y nunca traspaso su espacio".

"*Yo* nunca haría eso".

"*Yo...*", "*Yo...*", "*Yo...*".

Lo que no vemos es que esta forma de pensar nos coloca en el lugar de jueces y jurado en la causa de aquellos que no se comportan como "deberían". Estoy convencida de que si limitáramos o incluso elimináramos la palabra *deberían* de nuestros pensamientos y nuestras expresiones, sufriríamos menos desazón interna.

Tengo experiencia en esto. Crecí en un entorno pentecostal estricto en el cual reinaban los "deberían", las reglas y las expectativas legalistas. En una etapa posterior de la vida, me encontré con que me disgustaba constantemente con las personas que no hacían lo que yo pensaba que deberían hacer en lo espiritual, financiero, interpersonal o social. No hace falta decir que siempre estaba en la postura de juzgar a los demás.

Si te encuentras atrapado en la "trampa del deberían", aquí hay tres vías de escape infalibles:

1. Cuando sientes que el comportamiento molesto de una persona se convertirá en un patrón si no haces algo al respecto, explícale con calma cómo te afecta su manera de actuar y pídele que deje de hacerlo. *Ejemplo 1:* "Karen, cuando te invito a cenar, la invitación es solo para ti. Por favor, no invites a nadie más sin consultarme primero". *Ejemplo 2:* "¿Les importaría bajar la voz? Me está costando escuchar al orador". (No hay necesidad de llamarles groseros o desconsiderados).

2. En lugar de juzgar o criticar el comportamiento ofensivo, hazte las siguientes preguntas:

   - ¿Qué preferencia personal o creencia/tradición bien arraigada en mí está violando esta persona?

   - ¿Existe un daño real que se me esté haciendo a mí o a otros?

   - ¿Acaso me recuerda el ofensor a alguna otra persona molesta que necesito enfrentar?

   - ¿Refleja el ofensor algún aspecto que desprecio de mi propio comportamiento?

   - ¿Qué respuesta a esta situación molesta daría más honor a mi Padre celestial?

3. Intenta dar al ofensor el beneficio de la duda o entender sus defectos. Por ejemplo, el conductor que maneja pegado a tu auto puede no tener la intención de bravuconear, sino sencillamente tiene malos hábitos de conducción. El usuario de teléfono celular desconsiderado no te está molestando a propósito, sino que está demasiado centrado en sí mismo para pensar en cómo afecta a los demás. El jefe que se lleva todo el mérito del éxito del proyecto es sencillamente un líder inseguro con pocas habilidades administrativas.

Optar por las respuestas mencionadas es la manera de poner en práctica el fruto del amor; porque "el amor cubre multitud de pecados" (1 P. 4:8). Además, ¿realmente deseas permitir que cuestiones temporales, no eternas, te roben la paz y el gozo?

Declaración de fe

El Espíritu Santo manifiesta ahora en mí el fruto de amor, alegría y paz, y me capacita para responder con paciencia a todas las situaciones que me disgustan.

Día 2

La frustración:
Reconoce cuándo luchar
y cuándo retirarte

Frustración: *un sentimiento de descontento ante un estorbo (persona, suceso u obstáculo físico) que te impide avanzar hacia una meta o no cumple con tus expectativas.*

La vida no fue fácil para Carla. Nacida en un hogar de madre soltera, vio a su padre pocas veces durante toda su niñez. Mientras su propia madre trabajaba para sostener el hogar, la principal responsable de su crianza fue su abuela, una mujer piadosa y estricta. Durante su último año en la escuela secundaria, Carla quedó embarazada de un joven que decidió que no quería saber nada de su hija, Sandra. Sin desanimarse, Carla y su madre intentaron dar a Sandra todas las comodidades de la vida. Sin embargo, una vida con tantos privilegios no le dio a Sandra muchos incentivos para sobrevivir por su cuenta. Después de la escuela secundaria, Sandra nunca logró sentar cabeza del todo. Hasta el día de hoy, sigue acarreando problemas en sus relaciones y finanzas.

Además de lidiar con los infortunios de Sandra, la madre anciana de Carla necesita cada vez más tiempo y atención. Peor aún, el esposo de Carla, Juan, al no conseguir trabajo dentro del estado, tuvo que mudarse a 2400 km de distancia para trabajar allí, y el dinero solo le alcanzaba para ir a su casa dos veces al año. ¡Esta situación continuó durante más de una década! En medio de todo eso, a Carla le detectaron una fase avanzada de cáncer de mama. Después de un largo período de quimiotera- pia, cirugía y una lluvia de oraciones, ganó la batalla, y ahora está libre de cáncer. Sin embargo, se vio obligada a cerrar su pequeño restaurante, un negocio que había comenzado desde cero.

Después, vino la crisis económica de 2008. A Juan le despidieron de su trabajo. Aunque su experiencia ahora era relativamente atractiva en su ciudad de origen, optó por la jubilación anticipada. Regresó a casa contento con la idea de vivir con su escasa pensión en lugar de buscar trabajos bajo contrato, por mucho que le pesa- ra a Carla. Además, como a Carla se la conoce por sus capacidades de supervivencia y su mentalidad positiva, es la consejera y persona de confianza de la mayoría de sus familiares y amigos.

A pesar de haber padecido repetidas situaciones de frustración, Carla tiene un gran sentido del humor, un estilo de comunicación franco, límites claros en sus rela- ciones y un compromiso con su bienestar mental y físico. Reconoce fácilmente las circunstancias que escapan de su control. A menudo exclama: "¡No voy a permitir que estas personas y sus problemas me maten!". Entonces, busca refugio en la pesca, en proyectos de decoración del hogar y en el servicio a su comunidad. Cuando las presiones de la vida se le acumulan, suele subirse a su auto y viajar sola por su país para escapar de todo. Carla sabe cómo dominar la frustración.

¿Qué me dices de ti? ¿Te sientes frustrado por alguna u otra razón con tu cónyuge, tu jefe, tu hijo o alguna otra persona de tu entorno? ¡Tal vez, hasta te sientas frustrado con Dios! ¿Acaso tu bienestar emocional se vio afectado por tus frustraciones o estas te han llevado a estar al borde de una reacción de enojo?

Yo luché con un sentimiento de frustración con Dios cuando, en el año 2006, me llamó a renunciar al trabajo de mis sueños para dedicarme a dar conferencias y escribir a tiempo completo… solo para que a los seis meses me encontrara batallando con un problema neurológico (neuralgia del trigémino), que frecuentemente me quitaba el habla sin previo aviso. Permanecí en la fe y creí que recibiría la sanidad. Sin embargo, hubo veces en que me preguntaba: "¿Qué pasa? Solo estoy tratando de obedecerte. ¡Podría haber seguido con mi trabajo donde tenía licencia por enfermedad y otros beneficios!".

Como un acto de fe, seguí programando presentaciones en conferencias y entrevistas con los medios. Muchas veces, me presentaba sin saber si podría hablar o no. En una conferencia, tuve que ponerme una plantilla de esponjitas de maquillaje dentro de la mandíbula para minimizar el dolor insoportable que me causaba el movimiento de la boca; ¡la mandíbula prominente era un espectáculo muy peculiar!

Me negué a deprimirme. En ese entonces, creía, como sigo creyendo hoy, que "…el gozo del Señor es [mi] fortaleza" (Neh. 8:10) y que Dios dispone todas las cosas para mi bien porque yo lo amo y he sido llamada de acuerdo con su propósito (Ro. 8:28). Después de catorce meses de dolor extenuante, me sometí a una cirugía cerebral. Por la gracia de Dios, no sufrí efectos adversos. Crecí en fortaleza interior, desarrollé mayor dependencia de Él y llegué a un nuevo nivel de fe.

Las personas o las circunstancias frustrantes son inevitables, pero puedes controlar tu respuesta a ellas. Esta es la manera de lograrlo:

- Enfrenta la realidad de que existen situaciones *controlables* (problemas con tu jefe, pastor, cónyuge, hijo o amigo; violación a tus límites o preferencias) e *incontrolables* (cambios en el afecto de una persona hacia ti u otras personas).

- En las situaciones controlables, ejerce valor y toma todas las medidas necesarias para abordar o eliminar el motivo de frustración (enfrentar al ofensor de manera afectuosa, buscar otro empleo, establecer límites en las relaciones con sus debidas consecuencias, poner fin a las relaciones perjudiciales). No lo dejes para más adelante. La dilación en este caso solo empeorará tu frustración.

- Vuelve a evaluar tus expectativas. Considera si estás siendo inflexible o poco razonable. Tal vez, tienes demasiados "debería" para ti mismo o para otras personas. Aquí es donde somos más proclives a tener puntos ciegos, así que pide la opinión objetiva de algún observador sabio.

- Para las cuestiones incontrolables, reconoce tus limitaciones y no intentes hacer lo que solo Dios puede hacer. Cuando te enfrentas a la realidad de que no puedes tener ningún tipo de inferencia en determinada situación frustrante, dejas de esforzarte y limitas tu participación a orar por una intervención divina.

- Guarda en tu corazón pasajes bíblicos que enfaticen la sabiduría y los tiempos perfectos de Dios para tu vida. Para empezar, lee la siguiente "Declaración de fe". Acepta el plan de Dios y sus tiempos, no con triste resignación, sino con gratitud, porque Él conoce de antemano todo lo que te preocupa y desea lo mejor para ti.

Declaración de fe

"…todo estaba ya escrito en tu libro; todos mis días se estaban diseñando, aunque no existía uno solo de ellos" (Sal. 139:16), por lo tanto, nadie puede impedir tu plan para mi vida (Is. 14:27). Tendré el valor de hacer lo que mi Padre quiere que haga para superar las frustraciones controlables; y tendré sabiduría para entregarle por completo las situaciones incontrolables. El Espíritu Santo está desarrollando ahora el fruto de la paciencia en mi corazón. Acepto la voluntad de Dios en todos los aspectos de mi vida.

Día 3

La furia: No cedas ante la provocación

Enfurecer: *hacer rabiar; provocar a ira o venganza.*

Nuestro pastor había convocado a la congregación para hacer el ayuno de Daniel de veintiún días, durante el cual nos debíamos abstener de carnes, dulces y nuestros postres favoritos. Era el día 21 —el último día—, y estaba contenta de que Dios me había dado la gracia de cumplirlo hasta ese momento. Darnell y yo entramos totalmente muertos de hambre al restaurante bufé que ofrecía sopas y ensaladas. Mientras él pagaba la cuenta, encontré un reservado que tenía una ubicación estratégica, apoyé mi bandeja y me dirigí al mostrador de ensaladas y sopas. Ya me imaginaba el placer que experimentaría al combinar varios tipos de sopa diferentes en un tazón (suena horrible, pero es delicioso).

Cuando volví a la mesa, otra pareja estaba sentada allí y ¡mi bandeja había desaparecido! Estaba furiosa por la aparente violación a nuestro derecho de ocupar esa mesa. Tenía la visión borrosa por la ira, probablemente más por el hambre que por la injusticia percibida (a esas alturas era imposible diferenciar la una de la otra). Sin embargo, después de haber enseñado sobre la confrontación eficaz durante más de veinte años, pensé que debía practicar lo que enseñaba. Más o menos en ese momento, apareció en escena la mesera asignada a esa sección.

—¿Qué ha pasado aquí? —le pregunté con calma—. Había colocado mi bandeja en esta mesa.

—Oh, lo siento mucho —dijo ella—. La retiré. No sabía que la mesa estaba ocupada.

La pareja parecía perpleja y se ofreció a moverse a otra mesa. Iba a aceptar el ofrecimiento, pero consideré que ese podría ser un buen momento para que el fruto del Espíritu tuviera la oportunidad de prevalecer; después de todo, estábamos ayunando para buscar un crecimiento *espiritual*. Decidí extender misericordia a la mesera y limitarme a buscar otra mesa.

Cuando más tarde reflexioné en el incidente, me sentí desilusionada de haberme enfurecido por un hecho tan insignificante. Al considerar el problema global del hambre en el mundo, ¿por qué tenía que afectarme tanto perder la mesa "ideal" para mi festín, cuando miles de millones de personas no tienen comida para poner sobre la mesa? Me sentí avergonzada y poco espiritual.

Mi primer paso para entender mi enojo fue identificar el origen. Comencé a preguntarme: *¿Qué fibra sensible me tocaron aquí?* La respuesta me llegó en segundos: detesto la incompetencia. Como tiendo al buen desempeño, no es sorprendente que mi lema sea: "Si vas a hacer algo, ¡hazlo bien!". Lo que inmediatamente juzgué como incompetencia fue tan solo un error humano. Una vez más, necesitaba recordar que somos *seres* humanos, no *actos* humanos. Pensé: *Deborah, es hora de dejar de* *reaccionar ante la incompetencia. ¡Abandona esa postura de evaluar siempre el desempeño de los demás!*

¿Qué hay de ti? ¿Qué cosas hacen las personas que te dan rabia y te hacen sentir un nivel de enojo que supera el disgusto o la frustración? Estoy hablando de comportamientos que hacen que desees tomar represalias, vengarte o infligir alguna forma de castigo. Espero que esta sea una lista muy corta o inexistente. Sin embargo, dado que estás leyendo este libro, es muy probable que este sea un aspecto problemático y que necesites este importante ejercicio de autodescubrimiento. Una vez que eres consciente de lo que te enfurece, puedes identificar el suceso desencadenante e impedir que las personas o las situaciones te saquen de tus casillas.

La clave para prevenir la ira es prepararte por anticipado (siempre que sea posible), en especial si tienes que interactuar frecuentemente con una persona que suele provocarte a ira. La mayoría de las personas que suelen enfurecerte saben, por tu respuesta, que sus acciones tienen poder; el poder de hacerte sentir menoscabado, frustrado o descontento. Tu reto es responder de tal manera que sepan que has desconectado el cable que les daba energía y estás "muerto" a su provocación. Esto significa que debes comprometerte a mantener una actitud de calma y paz. *La calma es un lugar de poder.* No entregues tu poder al que te provoca. Piensa mientras respiras lenta y profundamente: *Si me mantengo en calma, seguiré teniendo el poder. El Espíritu Santo está inundando mi mente de paz en este mismo momento.*

El siguiente paso para evitar enfurecerte en las

relaciones interpersonales es considerar el origen. Por ejemplo, si alguien se ríe de ti porque aumentaste de peso o porque tienes más edad que él, o hace alarde de una persona (de tu ámbito profesional) más exitosa que tú, es muy probable que, de alguna manera, la persona que hace eso se sienta inferior a ti y esté intentando rebajarte para competir en igualdad de condiciones. Considera el origen y piensa en una respuesta jovial que no deshonre a Dios. Claro que podrías dar una réplica incisiva, pero no tendrías ningún poder ni crecimiento. En cambio, prueba con una respuesta como:

"¡Qué bendición dan los años! Estoy disfrutando de la sabiduría que viene con la edad".

"Perder peso es un verdadero reto cuando eres bendecido con tanta abundancia. ¿Cuál es tu secreto?".

Por otro lado, tal vez te preguntes: "¿Qué hay de la ira que despiertan los extraños? ¿Cómo respondo si alguien me choca el auto?". Relájate. Eres humano. Es natural sentir un descontento enorme cuando, de repente, te encuentras perjudicado. Pero la acción ya está hecha; no puedes deshacerla. Pregúntate: *¿Qué hago después?* Los pensamientos de revancha o ataque verbal no servirán de nada. Sé inteligente en esas situaciones.

Justo el fin de semana pasado me enfurecí con nuestro vecino (una persona muy agradable), que tiene ocho autos en nuestra abarrotada calle sin salida de solo diez casas. Estacionó uno de sus autos enfrente de nuestra casa y ocupó el único lugar que tenemos para las visitas. Sentí que me perjudicaba. Sin embargo, mi marido me recordó que los propietarios no son dueños de la calle que está delante de su casa. Además, no esperábamos visitas. ¿Realmente valía la pena hacer de esta cuestión un problema con el vecino, cuando él había cooperado voluntariamente en el pasado las veces que esperábamos visitas?

Tienes que ser decidido en el manejo de tu ira y saber cuándo estás llegando a ese punto de tus emociones. En los próximos capítulos, exploraremos maneras específicas de lidiar con la ira, además de las emociones de fondo que generan sentimientos tan intensos.

Declaración de fe

Cuando esté tentado a ceder ante la ira, pensaré: "Refrena tu enojo, abandona la ira; no te irrites, pues esto conduce al mal" (Sal. 37:8).

Día 4

La indignación: Enójate, pero sigue siendo bueno

Indignación: *fuerte descontento por algo que se considera injusto, ofensivo, insultante o equivocado; enojo justo.*

El 29 de julio de 1994, el doctor John Britton y su guardaespaldas, James Barrett, fueron asesinados a balazos en la entrada de una clínica de abortos de Pensacola. El reverendo Paul Jennings Hill, quien fue acusado de los asesinatos, dijo a los periodistas que creía que recibiría una recompensa en el cielo. Sentenciado a la pena de muerte, en el momento de su ejecución, en septiembre de 2003, el ministro expulsado de su cargo, dijo estas últimas palabras sin ningún arrepentimiento: "Lo último que quiero decir es esto: si creen que el aborto es una fuerza letal, deberían oponerse a esa fuerza y hacer lo que tengan que hacer para detenerla. Que Dios les ayude a proteger a los nonatos como desearían que les protegieran a ustedes".[1]

Hill fue solo una de las muchas personas a quienes la indignación por el asesinato de bebés no nacidos ha llevado a actos de vandalismo, atentados con bombas, asesinatos y otros actos de violencia contra las personas o los lugares relacionados con la práctica del aborto.

La indignación es la emoción de enojo, dada por Dios, que puede cumplir el mejor propósito del enojo: reparar un daño o resolver un problema. Tenemos todo el derecho (al menos en los Estados Unidos) de protestar por las injusticias y buscar la manera de obtener un resarcimiento; pero no tenemos el derecho de infringir las leyes. Henry Ward Beecher, un clérigo estadounidense y reformador social, declaró: "Una persona que no sabe cómo enojarse no sabe cómo ser buena". Mahatma Gandhi y el reverendo Martin Luther King Jr. estaban "indignados", pero no promovían la violencia en sus protestas.

Los cristianos que cometen actos ilegítimos para reparar un daño suelen justificar sus desmanes. Malinterpretan pasajes bíblicos, como Proverbios 31:9: "¡Levanta la voz, y hazles justicia! ¡Defiende a los pobres y necesitados!". No comprenden que el mensaje principal del versículo es levantar la voz, no golpear ni destrozar. Oliver Wendell Holmes hijo, juez de la Corte Suprema, declaró: "Mi derecho a lanzar un golpe de puño al aire termina donde empieza la nariz del otro".

Por supuesto, no podemos afirmar que el amor de Dios vive en nosotros si nos limitamos a ser simples espectadores y no decimos ni hacemos nada cuando personas inocentes e indefensas reciben malos tratos o son explotadas. Sin embargo, hacer daño a los demás no es una opción que las *personas* deban considerar. (No estoy de ninguna manera condenando el derecho de un *país* a proteger a sus ciudadanos por cualquier medio que sea necesario).

Para manejar este enojo aprobado por Dios, debes

llegar a la raíz de la motivación personal que te lleva a enojarte. En vez de brotar de un corazón que ama a Dios y a la humanidad, tu indignación puede surgir de tu fidelidad a las tradiciones de hombres, tu interpretación privada de las Escrituras o tus prejuicios.

Por ejemplo, yo me crié en una cultura sureña estricta, donde casi *todo* era pecado, excepto comer. Cuando me mudé a Los Ángeles, muchas veces me ofendía y me llenaba de indignación el comportamiento de los cristianos de la Costa Oeste; desde el hecho de que los hombres y las mujeres nadaran en la misma piscina, hasta el que las mujeres usaran vestidos sin mangas para ir a la iglesia (¡no es ninguna broma!). Finalmente, solo le pedí a Dios que me mostrara sus normas de comportamiento para mí, que me quitara la actitud de juzgar y me ayudara a ofenderme solo ante el pecado y la injusticia. No lo he logrado del todo, pero voy avanzando hacia esa meta.

La indignación justa en la Biblia siempre implicaba una defensa de los demás o la protección de un principio moral. El profeta Natán le contó una historia al rey David sobre un hombre rico que tomó la oveja preciada y única de un hombre pobre y la sacrificó para homenajear a su invitado, en vez de tomar una de sus propias ovejas. David inmediatamente se enfureció y declaró que ese hombre rico y egoísta debía morir. Por supuesto, ese relato era un plan para que David viera que su adulterio con Betsabé y el asesinato de su marido para ocultar su propio pecado eran el equivalente a las acciones del hombre rico (2 S. 12). No obstante, la respuesta del corazón de David fue defender al perjudicado.

La mayoría de los lectores de la Biblia también conocen el relato de cómo Jesús derribó las mesas de los cambistas y los echó del templo, porque lo estaban profanando con su actividad comercial. De ninguna manera iba a permitir que la casa de Dios se convirtiera en una cueva de ladrones (Jn. 2:13-18).

Este es el tipo de enojo que Dios muestra. Es un enojo santo suscitado por la violación de sus leyes y principios. Dios es tan sabio como para estar enojado, y seguir siendo bueno.

> *¿Quién podrá enfrentarse a su indignación? ¿Quién resistirá el ardor de su ira?... Bueno es el Señor; es refugio en el día de la angustia, y protector de los que en él confían (Nah. 1:6-7).*

Debemos mostrar indignación ante las injusticias. Debemos hacer todo lo posible por marcar la diferencia en un mundo bastante indiferente. Podemos firmar peticiones, participar en campañas de correo electrónico, asistir a marchas por los marginados, votar y orar para que los indolentes no ocupen más cargos políticos y participar en otros actos de protesta constructivos. Pero recordemos, de una vez por todas, la teoría moral de que los derechos de una persona terminan donde comienzan los de la otra. Sobre todo, recordemos la exhortación del salmista: "Si se enojan, no pequen..." (Sal. 4:4).

Declaración de fe

Motivado por un corazón que ama a Dios y al prójimo, controlaré mi indignación y defenderé con vigor los principios morales y la justicia a favor de los demás, con sabiduría y respeto por los derechos de los transgresores.

Parte 2

Tus opciones de respuesta

Día 5

Desecha la pasividad

*Todo tiene su momento oportuno; hay un tiempo
para todo lo que se hace bajo el cielo… un
tiempo para callar, y un tiempo para hablar.*

ECLESIASTÉS 3:1, 7

Te presento a Patricia, la pasiva, quien se esfuerza
al máximo por cumplir con todo lo que le piden los
demás, sin importar cuántos inconvenientes, tiempo o
dinero le pueda representar. Muchos dan por hecho que
es buena y, a menudo, transgreden sus límites personales.
Sin embargo, ella anda por la vida haciendo lo que siente
que debería hacer una buena madre soltera, hija, hermana,
compañera de trabajo, miembro de su iglesia y amiga.

¡Vaya! Justo la noche del sábado pasado se estaba preparando para asistir a un banquete largamente esperado,
cuando su hijo, recién divorciado, le dejó sus mellizos
varones para que se los cuidara, con la promesa de volver "enseguida". Tres horas después, Patricia abandonó
los intentos de localizarlo en su teléfono celular. Alrededor de la medianoche, apareció con una sonrisa pícara
y exclamó: "¡Creo que acabo de conocer a mi próxima
esposa!". Patricia estaba furiosa, pero no lo demostró;
por dentro, sus emociones estaban en ebullición como
en *Infierno en la torre*.

Las personas que escogen una respuesta tan pasiva a su enojo, generalmente, tienen ciertas creencias erróneas, que pueden incluir una o más de las siguientes:

- "Enojarse es pecado". (Efesios 4:26 nos permite experimentar el enojo, pero nos exhorta a evitar la mala respuesta).

- "No es propio de una dama mostrar enojo". (¡Esa es una idea prehistórica!).

- "Si perturbo la paz, arruinaré la relación". (Deja de lado el temor al rechazo; tú también aportas algo valioso a la relación).

- "Si me enojo, tal vez pierda totalmente el control y lo lamente después". (No, si enfrentas el problema a tiempo y con calma).

Atrapados por esas creencias, los individuos como "Patricia, la pasiva" responden de distintas maneras a las situaciones que les generan enojo. Por ejemplo: en silencio, olvidándose oportunamente de realizar una tarea, esparciendo chismes o rumores feos sobre el ofensor, hablando con sarcasmo, cometiendo daños a la propiedad del ofensor, negándose a tener relaciones sexuales con un cónyuge que les ofendió, reteniendo información fundamental, buscando consuelo en la comida, el alcohol o las drogas, comiendo menos de lo necesario o aislándose del entorno.

Fue esta última opción la que eligió el hermano del hijo pródigo (a quien llamaremos hermano 1) para expresar su enojo (ver Lc. 15:11-32). Su hermano más joven había pedido el reparto anticipado de su herencia, se había ido lejos y había derrochado todo en una vida licenciosa. Regresó a casa, arrepentido y pobre. Su padre, en vez de rechazarlo o buscar la manera de darle una lección, le recibió con los brazos abiertos. Además, el padre sin saberlo echó sal a su herida (al menos, según la perspectiva del hermano 1), al hacer una fiesta en honor al hijo pródigo. De ninguna manera estaba dispuesto el hermano 1 a celebrar tanta irresponsabilidad:

> *Indignado, el hermano mayor se negó a entrar. Así que su padre salió a suplicarle que lo hiciera. Pero él le contestó: "¡Fíjate cuántos años te he servido sin desobedecer jamás tus órdenes, y ni un cabrito me has dado para celebrar una fiesta con mis amigos! ¡Pero ahora llega ese hijo tuyo, que ha despilfarrado tu fortuna con prostitutas, y tú mandas matar en su honor el ternero más gordo!" (Lc. 15:28-30).*

Aplaudo al hermano 1 por expresar finalmente que no se sentía valorado. (Por supuesto, su falta de compasión por un alma arrepentida es otro problema y no se debe aplaudir). Sin embargo, es importante expresar cómo te sientes en el momento en que surgen los conflictos o las ofensas. A casi todas las personas les cuesta hacer eso, ya que es un comportamiento adquirido que la mayoría de los padres no enseñan ni lo demuestran con el ejemplo.

En mi libro *Confrontar sin ofender*, di pautas específicas para confrontar a las personas cuando su comportamiento nos ha afectado negativamente. Nuestro reto principal es tan solo decir: "Me siento herido u ofendido por tu manera de actuar". ¿Cómo lo sabrán si no se lo decimos? De lo contrario, es probable que repitan ese comportamiento.

Si deseas comenzar a superar las expresiones pasivas del enojo, prueba con estos pasos y estrategias:

- Recuerda el último incidente en el que sentiste enojo y decidiste no planteárselo al ofensor.

- Reconoce la o las creencias erróneas, como las que aparecen en la lista anterior, que te hicieron "sepultar" tus sentimientos.

- Menciona un beneficio o valor que aportas a tu relación con el ofensor (apoyo, lealtad, y así sucesivamente). ¿Qué tan importante crees que es eso para la persona? Este paso te ayudará a comprender que tú aportas algo valioso a la relación. No creas que estás en inferioridad de condiciones tan solo por tener menos dinero, educación, belleza física o lo que fuese.

- Párate frente a un espejo y practica la afirmación directa que honra a Dios, que *desearías* haber expresado en el momento del incidente. Aunque el hecho ya haya pasado, estás desarrollando la habilidad de elegir las palabras adecuadas para decir en una situación futura.

- Piensa qué podrías haber dicho o qué límites podrías haber establecido antes del incidente, que podía haber impedido que eso ocurriera.

- Si llegas a la conclusión de que te da demasiado miedo confrontar el comportamiento hiriente u ofensivo y que es más seguro permanecer pasivo, reflexiona sobre las consecuencias de contener tu enojo. Los profesionales de la salud mental, por lo general, coinciden en que el enojo pasivo se relaciona, en ocasiones, con las siguientes enfermedades: asma, problemas de la mandíbula que provienen de rechinar los dientes, problemas de la piel (sarpullidos, eccemas, forúnculos, acné), úlceras, obesidad, alcoholismo, mal aliento, bursitis, problemas del túnel carpiano, dolor de oídos, piedras en el riñón, problemas de tiroides, problemas sexuales, problemas hepáticos, artritis reumatoide, fatiga crónica, dolor de garganta crónico e infecciones urinarias. Las enfermedades más graves incluyen derrames cerebrales, diabetes y paro cardíaco. El perjuicio emocional incluye una menor autoestima y un aumento del desprecio por uno mismo. Así que, ¿realmente vale la pena quedarse callado y sepultar vivo el enojo?

Declaración de fe

Cuando alguien peca contra mí, haré lo que Jesús nos mandó: iré con él a solas y le haré ver su falta (Mt. 18:15). Mantendré la calma, seré sincero y estaré abierto a una solución mutuamente satisfactoria.

Día 6

Abandona las acciones agresivas

*Abandonen toda amargura, ira y enojo, gritos
y calumnias, y toda forma de malicia.*

Efesios 4:31

La supermodelo Naomi Campbell es casi tan famosa por su mal genio como por su trabajo en la industria de la moda. Los informes de las noticias han resaltado su comportamiento agresivo, que ha incluido arrojarle un teléfono a su ama de llaves, atacar a dos policías en el aeropuerto de Heathrow, en Londres, golpearle fuertemente en la nuca al chofer de su limusina y agredir a un operador de cámara al salir hecha una furia de una entrevista de televisión, para dar algunos ejemplos.

El descontento que se expresa de esta manera es *agresión*. Tiene el objetivo de lastimar a la otra persona física o emocionalmente. Los agravios, los gritos, las amenazas y las muestras de cualquier forma de violencia son ejemplos de agresiones.

En el capítulo anterior, vimos las trampas de la pasividad. Para considerar esta segunda opción de respuesta a las personas o situaciones que nos provocan enojo, hagamos primero un breve inventario personal.

- ¿Sueles expresar tu punto de vista con una actitud arrogante, como si fuera la última palabra sobre el tema?

- ¿Estás tan enfocado en tus propias necesidades que no te parecen importantes las de los demás?

- ¿Simulas a menudo estar muy contrariado, para sentirte poderoso cuando los demás se acobardan ante tu intimidación?

- Después de un arrebato de ira, ¿sientes algún remordimiento o culpa cuando tu víctima se distancia de ti?

Si respondiste que sí a cualquiera de las preguntas anteriores, voy a suponer que estás cumpliendo una condena en la cárcel de la agresividad. Esta es la manera de ser libre:

- Toma el control de tus síntomas físicos y respira hondo para que puedas ser razonable. El Centro de Consejería de la Universidad George Washington da este consejo:

  Cuando estás enojado, es importante tener una técnica de relajación que funcione rápidamente en cualquier circunstancia. Respirar hondo permite que el cuerpo absorba más oxígeno y desacelera tu frecuencia cardíaca para combatir la descarga de adrenalina que inunda tu cuerpo cuando estás enojado. La respiración profunda consiste en respirar desde la zona del estómago o el diafragma, en vez de respirar desde el pecho y los hombros. Cuando respiras hondo, tu estómago debe moverse hacia adentro y hacia afuera, pero tu pecho y tus hombros no. La respiración profunda es rítmica y lenta, similar al patrón de respiración que tienes cuando duermes.

Cuando sientes que te estás enojando, tómate un momento para prestar atención a tu respiración. A menudo esta será superficial y rápida. Si comienzas a respirar desde el diafragma y respiras más lentamente, es probable que notes un cambio en tu cuerpo. Puede que tus músculos comiencen a relajarse y que disminuya la sensación de tensión. Esta breve pausa también puede darte la oportunidad de recuperar la compostura, controlar tus sentimientos de enojo, cambiar de manera de pensar y manejar mejor la situación.[2]

- Expón y neutraliza el factor desencadenante. La ira es peculiar en cada persona según su historial de dolor o maltrato a manos de otro. Por lo tanto, debes ser muy sincero y reflexivo al responder la pregunta: "¿Por qué me enfurece esto?". Puede que necesites repasar la lista de emociones primarias de la Parte 3 para identificar tus sentimientos subyacentes.

- No devuelvas mal por mal. Cuando nos sentimos amenazados con la pérdida de una cosa o una persona que valoramos, puede que nos enfurezcamos con el autor de la ofensa y recurramos a actos de agresión. Si no desarrollamos una manera más eficaz de lidiar con amenazas de ese tipo, nos convertiremos en víctimas de nuestra propia agresión. Nuestro acto habitual de agresión aniquilará nuestras relaciones, nuestras posibilidades de progreso, nuestra libertad (literalmente, si estamos presos) y otros beneficios que estábamos destinados a disfrutar.

- Adopta una perspectiva divina sobre el suceso desencadenante. Jesús comprendió algo que Pedro no comprendía. "¿Crees que no puedo acudir a mi Padre, y al instante pondría a mi disposición más de doce batallones de ángeles? Pero entonces, ¿cómo se cumplirían las Escrituras que dicen que así *tiene que suceder*?" (Mt. 26:53-54, cursivas añadidas). Jesús mantuvo la convicción de su destino durante todo el proceso terrible de la crucifixión. Comprendió que algunas adversidades "tienen que suceder" para llevarnos hacia el propósito de Dios. Contrariamente a lo que afirman muchas enseñanzas populares, no somos inmunes al sufrimiento. Si respondemos de manera agresiva a los agravios o las injusticias percibidas como tales, bien puede que estemos frustrando el propósito divino. Además, si devolvemos mal por mal, plantando semillas de violencia y otras formas de hostilidad en nuestro trato con los demás, obtendremos una cosecha de agresión.

- Practica la comunicación directa. Aprender a
  expresar tu enojo de manera calmada y directa
  te hará mucho más eficaz y poderoso, y honrará
  a Dios. Te mostraré cómo lograrlo en el próximo
  capítulo.

Declaración de fe

Estoy "listo para escuchar, [y soy] lento para
hablar y para enojar[me]" (Stg. 1:19). Por la gracia de Dios, me resisto a cometer cualquier acto de
agresión. En cambio, permitiré que Él use todas
las experiencias para encauzarme hacia mi destino.

Hazte valer de manera apropiada

*Si tu hermano peca contra ti, ve a
solas con él y hazle ver su falta...*

<small>MATEO 18:15</small>

La junta directiva de la Corporación X (una popular organización de beneficencia) estaba finalizando su reunión de diciembre. Acababan de votar por unanimidad dar a Samuel Benítez, el gerente general del nuevo proyecto de construcción, una gratificación de cinco cifras. Esta medida no se basaba en ninguna norma de desempeño, ahorros en la construcción u otro criterio objetivo. Samuel, sencillamente, había sido lo suficientemente astuto para negociar la cláusula sobre las gratificaciones en su contrato de trabajo.

Daniela, la directora de finanzas, estaba furiosa. Le asombraba que ningún miembro de esa junta directiva, dominada por hombres, la hubiera considerado para una gratificación. Ella tenía credenciales superlativas y ahorros operativos documentados, que resaltaba regularmente de manera perspicaz ante la junta directiva. Además, trabajaba un promedio de diez a doce horas por día en el intento por mantener un personal reducido. Su eficiencia y valor para la organización eran indiscutibles. Por otra parte, Samuel había contratado a varios consultores externos para que le ayudaran con su volumen de trabajo y rara vez trabajaba fuera de horario.

Ahora bien, Daniela era una persona muy directa; nunca recurría ni a la pasividad ni a la agresión para expresar su descontento. En vez de "echar humo", preparó mentalmente su respuesta al voto que la perturbaba y esperó el momento oportuno para plantear el tema. Respiró hondo, oró en silencio y meditó sobre su pasaje bíblico favorito para situaciones de ese tipo: "El Señor DIOS me enseñó lo que tengo que decir. Así que sé qué decir…" (Is. 50:4, PDT). Cuando sintió que había llegado el momento oportuno y que sus emociones estaban bajo control, preguntó con calma: "¿Les gustaría que me retire de la sala ahora mientras conversan sobre *mi* gratificación? De hecho, si les parece bien, puedo terminar con mis presentaciones financieras y retirarme por hoy".

No hubo ninguna agresividad en su voz. El silencio era tan denso que se podía cortar con un cuchillo. Después de lo que pareció una eternidad, uno de los miembros de la junta directiva dijo: "Sí, es una buena idea". Daniela finalizó su último informe especial y se retiró de la reunión. Al otro día, el director general le informó que la junta había votado darle a ella también una gratificación de cinco cifras. Daniela sabía que la mejor manera de expresar sus expectativas a las personas correspondientes era de manera directa y sin amenazas. También tenía confianza en su valor para la empresa.

Actuar con la resolución adecuada es la tercera opción

que tenemos para responder ante el enojo. En la comunicación directa, expresamos nuestros sentimientos, expectativas, límites, deseos u opiniones de manera abierta, pero con tacto y respeto. El popular modelo de afirmaciones "en primera persona", en el que le expresas a alguien, de una manera que no es hostil ni acusatoria, cómo te afecta negativamente su comportamiento ("Cuando tú _____, yo me siento _____"), sigue siendo el mejor modelo para dar una respuesta directa ante el enojo. Estos son algunos ejemplos:

De esposo a esposa: "Me siento ignorado cuando prometes que asistiremos a algún acontecimiento social sin consultarme. Me gustaría que comenzaras a consultarme primero sobre esas salidas".

De empleado a supervisor: "Cuando me levanta la voz, especialmente si lo hace en presencia de otras personas, me siento poco respetado y desmoralizado. Esto realmente afecta mi productividad. Preferiría que me hablase en privado cuando no esté satisfecho con mi trabajo".

De hermano a hermano: "Me siento frustrado cuando tengo que salir del trabajo y conducir cincuenta kilómetros hasta la casa de mamá para llevarla al médico, cuando tú vives a solo diez minutos de distancia. Necesito que compartas conmigo esta responsabilidad. ¿Qué día de la semana te resulta más conveniente para ayudarme con sus necesidades?".

Fíjate que en cada uno de estos ejemplos, la persona que confrontó *describió* el problema, *expresó* cómo se sentía al respecto y *pidió* un cambio de comportamiento. Esto suena simple, pero no siempre es fácil, especialmente para las mujeres. A menudo nos encontramos ante el dilema de elegir entre agradar a los demás y ser respetadas. Dado que en nuestro medio social se nos enseñó a valorar la unidad, muchas mujeres elegimos agradar al resto. Además, en muchos entornos laborales y de otro tipo, sigue habiendo una tendencia a ver agresividad en una mujer firme, mientras que al hombre agresivo se lo ve como decidido o directo. Esto demuestra que es necesario que las mujeres desarrollen la capacidad de dominar sus emociones cuando expresan su enojo y, al mismo tiempo, expresar claramente sus deseos.

Independientemente de si eres hombre o mujer, lo primero que necesitas para ser una persona directa a la hora de expresar tu enojo es dejar sentirte inferior o subordinado en una relación. Además, debes creer que Dios te ha dado el derecho de disfrutar de tu vida, recibir un trato respetuoso y sentir seguridad de las decisiones que tomes (sin dar explicaciones o justificativos). Y, lo que es más importante, debes creer que los demás tienen esos mismos derechos.

A medida que aprendas a evitar los polos extremos de la pasividad y la agresión, descubrirás que la determinación, aunque pueda parecer arriesgada, tiene recompensas enormes:

- Sufrirás menos tensión, dramatismo y estrés en tu vida.

- Tu respeto por tu propia persona mejorará cuando te niegues a ser un trapo de piso.

- Tu productividad y satisfacción en el trabajo aumentarán.

- Evitarás las trampas físicas y emocionales del enojo pasivo.

- Tendrás relaciones saludables y gratificantes.

Declaración de fe

"El Señor es mi luz y mi salvación; ¿a quién temeré? El Señor es el baluarte de mi vida; ¿quién podrá amedrentarme?" (Sal. 27:1).

Parte 3

Tus emociones de fondo

Día 8

Temeroso

Estar furioso es no tener miedo, a fuerza de tenerlo.
WILLIAM SHAKESPEARE

—Carlos, ¿dónde está Maribel? —preguntó Estela mientras apoyaba las compras en el mostrador de la cocina.

—Pensé que había ido a la tienda contigo —dijo Carlos.

Se miraron con preocupación en sus ojos. Inmediatamente, Carlos salió a la calle para buscar a su nieta de cinco años. Estela y él habían conseguido la custodia de la niña hacía casi un año. Ella era el amor de sus vidas. Él no se permitiría siquiera imaginar lo impensable. Maribel tenía varias amigas que vivían en el mismo callejón, así que Carlos fue de puerta en puerta. Nadie la había visto. Cada vez sentía más pánico. Justo cuando se acercaba a la última casa, alcanzó a ver la bicicleta de la niña en el patio. Contuvo la respiración mientras tocaba el timbre. La señora Jiménez abrió la puerta con una amplia sonrisa. Un aroma a galletas recién horneadas venía de la cocina.

—Hola. ¿Está Maribel acá? —preguntó él.

—Pues, sí, está aquí. Ella y Sol están merendando. Maribel es un encanto.

Carlos sintió un alivio incontenible. Y este se convirtió en enojo cuando Maribel apareció inocentemente.

—¡Maribel! ¿En qué estabas pensando? —gritó el abuelo—. No teníamos idea de dónde estabas. Vamos… ¡ya! ¡Cuando llegues a casa, te voy a castigar!

Y cumplió su palabra.

José y María tuvieron una experiencia similar con Jesús cuando él tenía doce años. Le habían llevado a la fiesta anual de la Pascua en Jerusalén. Sin embargo, en el camino de regreso, descubrieron que Jesús no formaba parte de la caravana. Regresaron a Jerusalén y le buscaron desesperadamente. Después de tres días preocupantes, lo encontraron en el templo en una audiencia con los maestros judíos. Aunque ellos estaban impresionados con su sabiduría, el temor y la frustración de María eran evidentes.

> *Cuando lo vieron sus padres, se quedaron admirados.*
> *—Hijo, ¿por qué te has portado así con nosotros?*
> *—le dijo su madre—. ¡Mira que tu padre y yo te hemos estado buscando angustiados!*
> *—¿Por qué me buscaban? ¿No sabían que tengo que estar en la casa de mi Padre? (Lc. 2:48-49).*

El temor es la emoción subyacente en la mayoría de los casos de enojo. Cuando era niña, mi padre solía darnos una paliza fuerte cuando nos lastimábamos al jugar, incluso antes de llevarnos con mi madre al hospital. Lo que sucedía era que mi padre no sabía cómo lidiar con la consecuencia desconocida de que nos lastimáramos.

Piensa de qué manera el miedo ha sido la raíz de tu

enojo. Por ejemplo, la última vez que alguien casi provocó que tuvieras un accidente automovilístico, la emoción subyacente que sentiste quizás fue miedo a que tú o los pasajeros de tu auto sufrieran una lesión personal, o que tu auto sufriera daños. Recuerdo que me enojé mucho con un ex empleado por todos los errores que encontré en un informe muy importante que estábamos preparando para mi jefe. Cuando más tarde analicé la situación, me di cuenta de que tenía miedo de que me pudieran evaluar negativamente por su desempeño. Después de todo, yo lo había contratado.

Ahora bien, los celos —el temor a ser desplazados— es el ejemplo más común de la relación que existe entre el temor y el enojo. Algunos se enojan cuando otra persona del sexo opuesto le presta demasiada atención a su cónyuge o a otra persona de su interés. Tal vez, para la mayoría sería demasiado doloroso admitir el temor a la pérdida del afecto o incluso al abandono. Y optan, más bien, por permitir que su inseguridad los convierta en personas enojadas con relaciones resquebrajadas y poco gratificantes.

Entonces, ¿qué hacer cuando estás acosado por temores que te llevan a sentirte disgustado, frustrado o incluso furioso?

- Sé sincero respecto de esta emoción primaria y pregúntate: *¿Qué es exactamente lo que temo perder: dinero, posesiones, aprobación, reputación, una relación, bienestar físico u otros ideales personales?*

- Fíjate que combatir una emoción negativa (el temor) con otra (el enojo) es como combatir el fuego con fuego. El temor no proviene de tu Padre celestial (2 Ti. 1:7, NTV). Por lo tanto, no tienes por qué tolerarlo. Entrégale a Dios todo lo que te importa o valoras y confía en que Él lo protegerá. "SEÑOR, solo tú eres mi herencia, mi copa de bendición; tú proteges todo lo que me pertenece" (Sal. 16:5, NTV).

• Declara diariamente tu libertad de la esclavitud del miedo confesando en oración la Palabra de Dios. Aquí encontrarás el extracto de una oración extraída de mi libro *Controla tus temores en 30 días*, que justamente muestra cómo hacerlo:

> *Padre, tú eres mi amparo y fortaleza, mi pronto auxilio en las tribulaciones. Por tanto, no temeré (Sal. 46:1-2). Gracias, por adelantado, por hacer que todas las cosas me ayuden a bien para tu gloria y por mi bien, conforme a tu plan y propósito divinos (Ro. 8:28). Resisto con valentía el espíritu del temor, en este momento, y le ordeno huir (Stg. 4:7). Gracias porque tu paz, que sobrepasa todo entendimiento, guarda mi corazón y pensamiento (Fil. 4:7). Por tanto, no dejaré que mi corazón se turbe, ni tenga miedo (Jn. 14:27). En el nombre de Jesús, Amén.*[3]

Declaración de fe

Cada vez que busco al Señor, Él me responde y me libra de todos mis temores (ver Sal. 34:4).

Día 9

Desilusionado

El corazón humano genera muchos proyectos,
pero al final prevalecen los designios del Señor.

Proverbios 19:21

Lisa y su esposo, Daniel, eran padres amorosos de tres hijas adolescentes. Componían una familia cristiana modelo, que fielmente asistía a las reuniones semanales de su iglesia. Como buenos padres, Lisa y Daniel tenían grandes expectativas para sus hijas y se imaginaban un futuro ideal para ellas: graduadas de la universidad, esposas felizmente casadas y madres. Sin embargo, su hija del medio, Carla, una estudiante con honores, frustró sus esperanzas cuando estaba en segundo año de la secundaria. Ella y su novio, Tomás, les hicieron el doloroso anuncio de que Carla estaba embarazada. Lisa estaba devastada. Daniel estaba conmocionado.

—¿Cómo pudo pasarle esto a nuestra familia? —dijo Lisa, sollozando, a su esposo.

—¿Cómo pudo Dios decepcionarnos? —dijo Daniel.

Les resultó difícil asumir la realidad que les tocaba. Estaban enojados con Carla, con Tomás e incluso con Dios por permitir que ella quedara embarazada.

Sin embargo, por debajo del enojo estaba la emoción real: la *desilusión*. Después de mucha oración y reflexión,

Lisa y Daniel se dieron cuenta de que su desilusión podía llevarlos por dos caminos. Uno llevaba al disgusto, al enojo y a las relaciones resquebrajadas; el otro —el que Dios manda que tomen sus hijos— llevaba a la gracia y al perdón.

En sus corazones, sabían que solo Dios podía dar comienzo a una vida; el aborto no era una opción. Después de todo, nadie conoce el destino que tiene Dios para cada vida preciosa que Él permite que venga al mundo. Imagínate si los padres de Stanley Ann Dunham, una estudiante universitaria de primer año, la hubieran obligado a abortar a su hijo cuando quedó embarazada de su novio africano a los dieciocho años de edad. ¿Quién podía saber que había concebido a Barack Obama, el cuadragésimo cuarto presidente de los Estados Unidos, el primero de origen afroamericano?

El rey David sabía qué significaba la desilusión. Después de muchos años de frustración escapando del rey Saúl, quien había intentado quitarle la vida varias veces, David finalmente se convirtió en rey sobre todo Israel. Una de sus principales prioridades fue reubicar el arca del pacto y trasladarla a la ciudad capital. El arca era el objeto más sagrado y reverenciado entre los israelitas. Contenía las tablas de piedra originales que entregó Dios a Moisés en el monte Sinaí. Representaba la misma presencia de Dios. Más de treinta mil hombres escogidos acompañaron a David a celebrar un traslado de tamaña importancia. Sin embargo, las cosas no salieron como estaba planeado.

Al llegar a la parcela de Nacón, los bueyes trope-
zaron; pero Uza, extendiendo las manos, sostuvo el
arca de Dios. Con todo, la ira del SEÑOR se encendió

contra Uza por su atrevimiento y lo hirió de muerte
ahí mismo, de modo que Uza cayó fulminado junto al
arca. David se enojó porque el SEÑOR había matado a
Uza, así que llamó a aquel lugar Peres Uza, nombre
que conserva hasta el día de hoy (2 S. 6:6-8).

Los tiempos de desilusión nos ofrecen la oportunidad
perfecta para volver a evaluar cuáles son nuestras metas y
expectativas, dónde ponemos nuestra confianza y cómo
respondemos cuando las cosas no salen como queremos.
A continuación, veremos cinco estrategias que demostró
David en su respuesta al decepcionante fracaso con el
arca. Tú también puedes hacer esto:

- Reconoce tu desilusión ante Dios, ante ti mismo,
  ante un amigo que te apoye o incluso ante el cau-
  sante del problema, si el Espíritu te guía a hacerlo.
  No debemos permitir que nuestro ego, orgullo
  o temor nos haga negar que estamos descontentos porque nuestra expectativa quedó truncada.
  Hace poco me desilusioné y me enojé cuando un
  miembro de mi familia me gritó y encima usó
  malas palabras. Nunca pensé que un pariente de
  sangre me hablaría de esa manera.

  El rey David estaba profundamente desilusionado del resultado tan desastroso de sus esfuerzos.
  Percibimos su frustración con Dios ante un juicio
  tan severo por un acto aparentemente inocente.
  "Aquel día David se sintió temeroso del SEÑOR
  y exclamó: '¡Es mejor que no me lleve el arca del
  SEÑOR!'" (2 S. 6:9).

- Fíjate un límite para el tiempo que permanecerás en el lecho de la desilusión. Sí, es humano sentirse decepcionado, pero no podemos permitir que esta emoción se instale en nuestra alma. Hacerlo le transmite a Dios: "No me gusta lo que has permitido. Sigo queriendo que las cosas sucedan a mi manera". Esto puede llevarnos al desencanto y la amargura.

  Según la naturaleza de la desilusión, a menudo pienso: *Bueno, Deborah, tienes un número X de minutos/horas para lamentar la muerte de tu plan o expectativa. No seguirás deseando que hubiera sido diferente; pasarás a otra cosa. Dios ha hablado.*

  Advertencia: Cuando te sientes desilusionado porque estás seguro de que el resultado es contrario a la voluntad de Dios, sigue levantándote en fe y creyendo en el resultado deseado. David no permitió que el infortunio matara su sueño de llevar el arca a la ciudad capital; simplemente se tomó un tiempo para idear otro plan. "Y como ya no quería llevarse el arca del Señor a la Ciudad de David, ordenó que la trasladaran a la casa de Obed Edom, oriundo de Gat. Fue así como el arca del Señor permaneció tres meses en la casa de Obed Edom de Gat, y el Señor lo bendijo a él y a toda su familia" (2 S. 6:10-11).

- Reconoce cualquier error, mala comunicación o desobediencia de tu parte, que pueda haber contribuido a la desilusión. Cuando analizó la debacle del arca, David se dio cuenta de que no había obedecido las instrucciones originales que Dios había dado a Moisés sobre cómo transportar el arca. Ellos habían cometido un error garrafal al poner el arca en una carreta tirada por bueyes; debía ser transportada solamente en varas que se colocaban sobre los hombros de ciertos levitas (Nm. 4:1-6, 15-20). Además, nadie debía *tocarla* excepto los sacerdotes calificados. Así, descubrimos que el inocente acto reflejo que Uza tuvo al sostener el arca fue un acto de profanación.

- Pregúntale a Dios: "¿Y ahora cómo sigue esto?". Mantenerte enfocado en el futuro te impide quedarte estancado en la frustración o el enojo por lo que podría haber sido si hubiera pasado esto o aquello. Busca a Dios para que te dé instrucciones nuevas. No pierdas el optimismo de que tendrás un mejor resultado en el futuro. Antes de su siguiente intento de llevar el arca a Jerusalén, David dijo a los sacerdotes calificados:

> "Como ustedes son los jefes de las familias patriarcales de los levitas, purifíquense y purifiquen a sus parientes para que puedan traer el arca del Señor, Dios de Israel, al lugar que he dispuesto para ella. La primera vez ustedes no la transportaron, ni nosotros consultamos al Señor nuestro Dios, como está establecido; por eso él se enfureció contra nosotros".
>
> Entonces los sacerdotes y los levitas se purificaron para transportar el arca del

SEÑOR, Dios de Israel. Luego los descendien-
tes de los levitas, valiéndose de las varas, llevaron el arca de Dios sobre sus hombros, tal
como el SEÑOR lo había ordenado por medio
de Moisés (1 Cr. 15:12-15).

El arca finalmente llegó a Jerusalén con gran regocijo
(1 Cr. 16). ¡Misión cumplida!

* Acepta cada desilusión como parte del plan de
  Dios. Aunque es posible que Él no haya puesto
  en marcha la circunstancia decepcionante, cier-
  tamente puede transformarla en algo bueno. Por
  lo tanto, mira más allá de la situación y cree que
  Dios dispone todas las cosas para tu bien, porque tú lo amas y has sido llamado de acuerdo
  con su propósito (Ro. 8:28). También recuerda
  que es posible que el Señor no esté cancelando
  tus planes, sino más bien posponiéndolos para
  un tiempo divinamente ordenado.

Todos sufriremos desilusiones. Superarlas requiere
una mentalidad suficientemente humilde para someternos
al plan de Dios, suficientemente flexible para extender
la gracia de Dios a los demás y suficientemente fiel para
permanecer enfocados en el futuro.

Declaración de fe

Yo tenía planes y expectativas, pero el propósito
de Dios ha prevalecido. Que Él sea glorificado.

Día 10

Estafado

Nunca digas: "¡Me vengaré de ese daño!".
Confía en el SEÑOR, y él actuará por ti.

PROVERBIOS 20:22

Tanto mi amiga Ana como Samuel, su anciano padre, eran austeros administradores del dinero. Además les encantaba apoyar la obra del Señor. A menudo, Samuel daba préstamos personales a pequeñas congregaciones de su ciudad para sus proyectos especiales de construcción. Cuando él murió, uno de esos préstamos estaba pendiente de pago, aun pasada la fecha de su vencimiento. Samuel había sido bastante sabio para asegurar el préstamo de $26.000 con una escritura fiduciaria de la propiedad, que tenía un valor de mercado estimado de diez veces el monto del préstamo.

Ana, la ejecutora del testamento, logró obtener un pago del pastor y le pidió que propusiera cualquier término de pago conveniente para la congregación, cuya membresía había disminuido. El pastor prometió pagarle todo dentro de los seis meses; sin embargo, después de ese día nunca se volvió a contactar con Ana ni le devolvió las llamadas telefónicas. Ana le envió varias cartas para solicitar el pago, pero el pastor las ignoró. Finalmente, ella contrató al abogado X para iniciar la ejecución hipotecaria. Pero le hizo saber que no deseaba que se desalojara a la congregación de la propiedad; sino que pasara a ser parte del patrimonio hereditario para que la iglesia pudiera seguir ocupándola.

Sin embargo, el abogado X, al ver el potencial de obtener una gran ganancia, le pasó el dato a un amigo que negociaba con bienes raíces y le aconsejó que hiciera una oferta en el remate de la propiedad. Mediante una serie de maniobras deshonestas, incluido el envío del aviso de ejecución de la hipoteca a la dirección equivocada y la negativa a ofertar en representación de los herederos, como Ana le había indicado, el abogado X logró subastar la propiedad a favor de su amigo por la deuda de $26.000.

Ana y sus hermanos estaban furiosos. Sabían que la misma persona que habían contratado para representar sus intereses les había estafado. El abogado X justificó sus acciones diciendo: "Mi objetivo era resarcirlos con la recuperación de la cantidad que se debía a los herederos; no que ustedes se beneficiaran con la reposesión del edificio".

Después de varios intentos frustrados por contratar a otro abogado local para que demandara al abogado X, Ana se dio cuenta de que, entre colegas, todos se cubren las espaldas. Demandarse el uno al otro no era parte de su idiosincrasia. Puesto que sabía que no le sería fácil encontrar un juez justo, aunque contratara a un abogado que no fuera local, Ana, finalmente, aceptó que el abogado X la había estafado con la propiedad. Denunció el incidente a la asociación de abogados del estado y decidió seguir adelante con su vida. Los herederos todavía están resentidos y planean su venganza.

Sentirnos estafados puede enfurecernos y llevarnos a pensar en la manera malvada de reparar un daño. Después de todo, nos arrebataron algo que nos pertenece por derecho, algo de valor y, ¡caramba, lo queremos de vuelta!

Medita en cómo Jacob y su madre, Rebeca, conspiraron para quitarle a Esaú, el hijo primogénito, la bendición oficial de su padre, Isaac (Gn. 27). Esaú era un cazador velludo, y Jacob era el niño lampiño de mamá. No obstante, Rebeca disfrazó exitosamente a Jacob (llegó a ponerle piel de animales en los brazos), y juntos engañaron a un Isaac medio ciego para que pronunciara la bendición sobre Jacob. Cuando Esaú se enteró del engaño, se puso furioso y se propuso vengarse de ese agravio tan pronto como muriera su padre: "A partir de ese momento, Esaú guardó un profundo rencor hacia su hermano por causa de la bendición que le había dado su padre, y pensaba: 'Ya falta poco para que hagamos duelo por mi padre; después de eso, mataré a mi hermano Jacob'" (27:41). Rebeca se enteró del plan y envió a Jacob a vivir con su tío Labán.

Cuando te sientes estafado, emplea estas estrategias para mantenerte del lado correcto con Dios y las leyes del gobierno local:

- Dedica tiempo para pensar con sensatez y determinar cuáles son tus opciones. No tomes represalias ni hagas justicia por ti mismo. Si puedes encontrar la solución mediante algún procedimiento legal, ve por ese camino, especialmente si está en juego un monto significativo.

- Lleva tu queja ante el siguiente nivel de autoridad. Sin embargo, en última instancia, puede que tengas que rendir tu ego y enojo ante la realidad de la situación y aceptar tu pérdida. Llega un momento en el que, sencillamente, no se justifica el tiempo, el costo o las frustraciones. Piensa en la lección que aprendiste. Esto puede ser muy duro, pero cuanto más pronto cedas, más energía podrás dedicar a conseguir mejores cosas y más importantes.

- Protege a los demás de estafas futuras. Deja asentada tu queja ante los consejos estatales y organismos de control correspondientes, en sitios de la Internet y otros foros para clientes descontentos. Por ejemplo, puedes encontrar consejos útiles en http://www.bbb.org/us/consejos-en-espanol o buscar sitios correspondientes a tu país.

- No te preocupes, los estafadores cosecharán lo que sembraron. La vida no fue nada fácil para Jacob, ya que Labán lo engañó cada vez que tuvo oportunidad de hacerlo (Gn. 29—31).

Declaración de fe

Honraré a Dios como respuesta ante una estafa, sabiendo que la venganza le pertenece a Él y que Él puede hacer muchísimo más que todo lo que pueda imaginarme o pedir, por el poder que obra eficazmente en mí (ver Ef. 3:20).

Día 11

Humillado

*Aprendemos a ser humildes cuando
aceptamos con alegría las humillaciones.*

MADRE TERESA

El rey Asuero cometió un grave error. Después de siete días de fiesta ininterrumpida con los nobles y príncipes de sus 127 provincias, el gobernante, en un estado de embriaguez, tuvo la brillante idea de que su esposa, la reina Vasti, fuera y se exhibiera delante de los hombres invitados para que pudieran contemplar su belleza. "Pero cuando los eunucos le comunicaron la orden del rey, la reina se negó a ir. Esto contrarió mucho al rey, y se enfureció" (Est. 1:12). Evidentemente, Vasti era una mujer muy pudorosa. Además, tuvo bastante coraje para ser fiel a su código de moral personal.

No muy seguro de cómo lidiar con la rebelión de la reina, el rey humillado pidió a su círculo íntimo de expertos en políticas, que debatiera el asunto desde el punto de vista de la ley de Persia. Ellos le advirtieron que tolerar el comportamiento de Vasti sentaría un mal precedente (1:13-20). Las mujeres de todas las provincias se negarían a sujetarse a sus esposos, ya fueran ellos personas importantes o no. Y abundaría la falta de respeto. Le aconsejaron que la única solución para salvar su prestigio era destronar a la reina y remplazarla por una joven virgen hermosa, especialmente seleccionada.

El rey siguió el consejo y, al hacerlo, allanó el camino para que Ester, una joven judía que al principio ocultó su origen étnico, se convirtiera en reina y, finalmente, usara su influencia para salvar del exterminio a su pueblo.

La humillación es una de las emociones más dolorosas que alguien puede experimentar. La palabra *humillación* deriva de la raíz latina *humus*, que significa "tierra o suelo", y el sufijo *-ción*, que significa "acción y efecto". Humillar significa, literalmente, "llevar al suelo" o, como se dice hoy día, "tratar a alguien como un trapo de piso" o "rebajar a alguien". Pocas acciones, como rebajar o desvalorizar, pueden suscitar la ira de una persona tan rápidamente.

El elemento de una experiencia humillante, que la hace tan dolorosa, es la presencia de testigos. La mayoría de nosotros probablemente podríamos soportar cualquier altercado, menosprecio u otra herida a nuestro ego en una confrontación privada. Sin embargo, detestamos vernos expuestos ante los demás, de alguna manera, impotentes y menoscabados. Por eso es que en un contexto grupal, puede que simulemos comprender conversaciones o asuntos sobre los que no tenemos ni idea. Nos preocupa que otros nos consideren intelectualmente inferiores.

Por eso comprendemos por qué el rey Asuero no solo expulsó a Vasti del trono, sino que además envió cartas a todas las provincias y declaró: "todo hombre debe ejercer autoridad sobre su familia" (Est. 1:22). ¿De qué otra manera podía el poderoso gobernante de toda Persia proteger su imagen después que Vasti había demostrado abiertamente que él no tenía poder para gobernar su propia casa?

Jesús conocía bien la humillación. El ejemplo de humildad y sencillez que Jesús nos ha dejado con su vida tiene su mejor explicación en la epístola del apóstol Pablo a los filipenses:

> *Quien, siendo por naturaleza Dios, no consideró el ser igual a Dios como algo a qué aferrarse. Por el contrario, se rebajó voluntariamente, tomando la naturaleza de siervo y haciéndose semejante a los seres humanos. Y al manifestarse como hombre, se humilló a sí mismo y se hizo obediente hasta la muerte, ¡y muerte de cruz! Por eso Dios lo exaltó hasta lo sumo y le otorgó el nombre que está sobre todo nombre, para que ante el nombre de Jesús se doble toda rodilla en el cielo y en la tierra y debajo de la tierra, y toda lengua confiese que Jesucristo es el Señor, para gloria de Dios Padre (Fil. 2:6-11).*

En nuestro mundo caído, la humillación generalmente es recibida con un deseo de revancha o represalia. Sin embargo, nuestro Salvador, que no tenía pecado, no albergó ese tipo de pensamientos. En el momento de su crucifixión, tan solo dijo: "Padre... perdónalos, porque no saben lo que hacen" (Lc. 23:34). Si afirmamos tener la mente de Cristo, sería sabio que siguiéramos su ejemplo. Específicamente, sería sabio:

- Replantear la experiencia. Ya sea que te hayan insultado, hayan herido tu ego o te sientas humillado, comprende que cuando amas a Dios *todo*

tiene un propósito, un propósito para bien. No
hay dolores ni sufrimientos en vano, así que no
los desperdicies. Piensa inmediatamente en la lección aprendida.

- Hacer un alto y preguntarte por qué estás dando
  tanto poder a los *observadores* de tu humillación.
  No puedes controlar lo que ellos piensan de ti. Es
  lo que *tú* piensas de ti mismo lo que determina
  el alcance de tu dolor emocional.

- No fomentar la humillación al responder con
  una actitud de impotencia. Si alguien te rechaza,
  no le ruegues que mantenga el vínculo contigo.
  Acepta su decisión y sigue adelante. Si tu jefe te
  humilla, explícale con calma que su comportamiento afecta tu estado de ánimo. Déjale bien
  claro cómo preferirías que interactúe contigo en
  el futuro.

Declaración de fe

La humillación es mi escalón hacia una vida de
humildad. El Espíritu Santo me da poder para
soportar y superar este tipo de experiencias con
gracia y fortaleza.

Día 12

Rechazado

*Practica, practica, practica hasta que
finalmente estés anestesiado ante el rechazo.*

BRIAN KLEMMER, INSTRUCTOR
DE DESARROLLO PERSONAL

El rechazo duele, literalmente. Los investigadores lo llaman el dolor social. Un estudio de 2010 sugirió que nuestro cerebro responde al rechazo social con los mismos receptores que en el caso del dolor físico.[4] El rechazo convalida nuestros sentimientos de ineptitud, inferioridad o falta de importancia. En la actualidad, es muy común en la sociedad estadounidense.

La industria del entretenimiento ha incluido el rechazo en programas televisivos que nos invitan a participar en la decisión de quiénes ganan y quiénes pierden. Todas las semanas, los estadounidenses encienden el televisor para mirar cómo una gran cantidad de posibles candidatos ideales, aspirantes a cantantes exitosos o incluso concursantes culinarios ven destrozados sus sueños por jueces famosos u otros participantes del espectáculo. Votamos por mensaje de texto o teléfono en la nueva modalidad de programas interactivos de los *reality show*. Algunos de los concursantes responden con lágrimas y evidente desaliento, mientras que otros se enojan y critican a los jueces o a sus compañeros participantes. Los que son inteligentes responden con gratitud por la oportunidad y mantienen sus prioridades en perspectiva.

Aunque regularmente vemos cómo otros lidian con el rechazo, eso no disminuye el efecto que produce en nuestra mente, cuerpo y corazón cuando lo experimentamos por nosotros mismos. Una vez, Darnell y yo visitamos una iglesia donde tenía programado dar una conferencia en algunos meses. Durante la reunión, el pastor asistente pidió a todas las personas que se unieran en grupos de tres para que unos por otros oraran por las necesidades personales. Me impresionó el fervor con el que oró una mujer mayor de mi grupo.

Después de la reunión, me acerqué a ella y le dije:

—Fue un placer conocerla. Aquí tiene mi tarjeta. ¿Puedo pedirle que me ponga en su lista de oración? Enseñaré en esta iglesia en unos meses durante su conferencia.

—Me temo que no puedo hacer eso —respondió mientras se negaba a aceptar mi tarjeta—. Ya tengo una lista enorme de personas por las que tengo que orar, y me están resultando demasiadas.

Inmediatamente me sentí rechazada. ¿Quién podía negarse a orar por la conferencista? ¿Cuánto tiempo lleva, al final, decir: "Dios, bendice a la conferencista"? ¡Vaya!, ¡algunas personas se sentirían honradas de que se les pidiera esto! Quedé resentida por el aguijón de su respuesta durante varias horas. Me inquietaba pensar por qué no podía hacer una excepción por mí. Después decidí seguir mi propio consejo:

- Respeta la decisión de la otra persona de no iniciar o continuar una relación contigo. Seguramente, tuviste que tomar una decisión similar en algún momento de tu vida. Fue tan solo una decisión personal.

- No te atormentes al pensar *por qué* la persona o el grupo tomó esa decisión. A veces las circunstancias determinan que te digan que no; los tiempos, los recursos limitados u otras cuestiones pueden no ser propicios para un sí. (La guerrera de oración que me rechazó, obviamente, toma los pedidos de oración muy en serio y ora con fervor por cada uno de ellos, en comparación con alguien que dice que va a orar y se olvida por completo o, sencillamente, nunca encuentra el tiempo para hacerlo).

  En una situación laboral, puedes preguntar qué podrías hacer para obtener un sí en el futuro. Si el rechazo te lleva a descubrir una mejor manera de hacer algo, agradece a Dios por la lección. De otra manera, acéptalo como parte de tu destino divino. Cuando se trata de relaciones románticas, considera el rechazo como la protección de Dios.

- No pierdas el gozo. Cada vez que me siento decepcionada, canto en voz alta la canción *I Still Have Joy* [Todavía tengo gozo] de la cantante de *gospel* Dorothy Norwood, que habla de seguir teniendo gozo a pesar de estar pasando por circunstancias difíciles.[5] Generalmente, recibo fortaleza para no perder el gozo, cuando decido cantar en lugar de albergar pensamientos negativos sobre el rechazo.

- Aférrate a la seguridad en ti mismo. Cuando tu sentido de seguridad interna se ve amenazado, creas un espacio en tu mente y tu corazón para que el enojo controle tus acciones. Recuerda que no eres inmune al rechazo.

Además, estás en buena compañía. A Jesús le rechazaron y le abandonaron, pero nunca respondió con enojo: "Vino a lo que era suyo, pero los suyos no lo recibieron" (Jn. 1:11); "Entonces todos los discípulos lo abandonaron y huyeron" (Mt. 26:56). Incluso se sintió abandonado por su Padre celestial cuando colgaba de la cruz y llevaba los pecados del mundo: "Dios mío, Dios mío, ¿por qué me has desamparado?" (Mt. 27:46).

Declaración de fe

Soy aceptado por mi Padre celestial, quien nunca me dejará ni me abandonará. Ni el rechazo, ni el abandono ni ningún dolor social me separarán de su amor. Él ha permitido todas las circunstancias que suceden en mi vida, y todas las cosas redundan para mi bien.

Día 13

Manipulado

Cada uno debe estar firme en sus propias opiniones.
ROMANOS 14:5

Las personas manipuladoras quieren una cosa: controlar tu comportamiento para lograr sus objetivos personales. Si has caído en las garras de un manipulador, este te eligió como blanco porque te consideró débil, dependiente, indefenso, inexperto, menos espiritual, ingenuo, temeroso y una serie de otras características negativas. Sin embargo, antes de apalear a los manipuladores, recordemos que todos tenemos la tendencia a manipular a los demás. Dado que la manipulación es un aspecto que tanto preocupa, pasaré a señalar rápidamente algunas tácticas comunes que usan los manipuladores.

La adulación. Los elogios falsos siempre lograrán su cometido si no tienes un fuerte sentido de lo que vales como persona. "¡Oh!, eres el miembro más dulce de la iglesia", alguien puede decirte. Después, quizás te pregunte: "¿Puedes prestarme $100 hasta que cobre?".

La culpa. Cuando Dalila aceptó traicionar a Sansón (Jue. 16), lo atosigó y lo hizo sentir culpable hasta que le ganó por cansancio. "Entonces ella le dijo: '¿Cómo puedes decir que me amas, si no confías en mí? Ya van tres veces que te burlas de mí, y aún no me has dicho el secreto de tu tremenda fuerza'" (16:15). Bueno, ya sabes cómo termina la historia. Ella le rapó la cabeza, y zas, desapareció su fuerza. Solo Dios sabe cuántos jóvenes y hombres usan esta misma táctica de "Si me amaras, harías…" y manipulan a sus novias para tener relaciones prematrimoniales o conseguir de ellas otros favores.

El engaño/las mentiras. Jezabel, la esposa del rey Acab, era la reina de Israel; pero también era la reina de la manipulación. Cuando Acab se quejó con ella porque Nabot, vecino del palacio, se había negado a venderle su viñedo para que pudiera plantar una huerta, Jezabel tomó el asunto en sus propias manos. Pagó a algunos hombres para que dieran testimonio de que Nabot había blasfemado contra Dios y el rey, un delito que se castigaba con la muerte. Después que Nabot fue apedreado hasta la muerte, Jezabel le dijo a Acab que tomara posesión del viñedo. (Lee toda esta historia fascinante y el trágico final de Jezabel en 1 R. 21 y 2 R. 9).

Las amenazas. Susana, que ya va por los cincuenta y teme que sus mejores días hayan pasado, tolera innumerables maltratos verbales por parte de su nuevo marido, Walter. Cuando hay un conflicto entre ellos, él amenaza con separarse. Por temor a la soledad, ella cede a sus deseos; sin embargo, cada vez que lo hace, se mortifica por ser tan dependiente y por permitirle ser un manipulador incluso más poderoso.

La generosidad. Bueno, confieso que he sido manipuladora y manipulada en este aspecto. Es muy fácil usar la generosidad como un incentivo para que los demás se sientan obligados. ¿Cómo se atreven a decir que no, después de todo lo que hemos hecho por ellos? En verdad debemos guardar nuestro corazón en este sentido para que nuestros motivos no dejen de ser puros. Para no caer en las garras de un manipulador, ten cuidado con los regalos que puedan conllevar condiciones. Si eres soltero, es sabio rechazar regalos costosos del sexo opuesto.

El enojo/el tratamiento del silencio. Las personas que tienen la fama de enojarse todo el tiempo, o que se enojan con facilidad, usan esta emoción para manipular a las personas y lograr que se sometan a sus deseos. El individuo promedio desea tener paz en su entorno. Una persona enojada contamina el ambiente y arruina la diversión, algo muy parecido a un zorrino en un *picnic*. Así que, para serenarla, la mayoría acepta seguirle el juego con el fin de preservar la paz. Lamentablemente, ceder a los deseos de la persona enojada solo refuerza su comportamiento. Además, luego comienzas a despreciarte a ti mismo por permitir que te traten así.

Hacerse la víctima. Esta táctica no requiere explicación: "Todos son injustos conmigo", "Ahora soy una vieja y supongo que solo estorbo". ¡No caigas en esa trampa!

Los pedidos irrazonables. Los manipuladores pueden pedirte algo poco razonable antes de pedirte lo que verdaderamente quieren. Los adolescentes son expertos en esto. "Papá, ¿me das $300 para comprarme los zapatos de moda? Uy, ¿no me los puedes dar? Bueno, ¿y si al menos me das $25 para que pueda ir al cine con mis amigos?". Los empleados también usan esta táctica a menudo. Puede que pidan un enorme aumento inmerecido cuando lo que realmente quieren es una gratificación de Navidad o una semana más de vacaciones.

Para evitar convertirte en presa involuntaria de un manipulador, prueba con estas estrategias:

- "Sé fiel a ti mismo". Procura conocerte a ti mismo y toma conciencia de cuáles son las tácticas ante las que eres más indefenso. A mí me ha costado decir que no a una persona que fue generosa conmigo, aunque posiblemente sospechaba que existía un motivo oculto cuando me hizo el favor. Por lo general, rechazo el regalo cortésmente o encuentro la manera de devolver el favor para no sentirme en deuda con un potencial manipulador.

- Evita a las personas que te presionan a tomar decisiones que no son las que prefieres. Si el manipulador es alguien con quien tienes interacciones frecuentemente, haz valer tu postura. "Escúchame, soy una persona con fuertes preferencias individuales. Es inútil que intentes persuadirme contra mi voluntad". No te canses de repetírselo.

- Admite que con tu rol facilitaste el triunfo de un manipulador. Esto te salvará de repetir patrones negativos y quedarte estancado al pensar que eres una víctima totalmente inocente.

- Refuerza tus límites, las pautas que los demás deben cumplir para interactuar contigo. Los límites dejan claro a las personas de tu círculo de interacción cuáles son los comportamientos que consideras aceptables o inaceptables. Una manera de honrar tus relaciones es que los demás no tengan que adivinar cómo puedes interpretar sus acciones. Y sería ideal que ellos también te dijeran cuáles son sus límites.

Ahora bien, no se trata de imponer el cumplimiento de tus "reglas de juego" individual, sino, más bien, de percibir las situaciones antes, o incluso en el momento en que surgen, y expresar tus elecciones o preferencias personales con calma y convencimiento.

- No te enojes, sé sabio. En su libro, *No desperdicie sus aflicciones*, el fallecido Paul Billheimer exhortó a sus lectores a no desperdiciar los beneficios y la lección de los problemas y las adversidades. Piensa en cómo aprovechar los incidentes de una manipulación para aprender más sobre ti mismo y sobre el manipulador.

- No confundas manipulación con preocupación genuina. Los padres pueden emplear tácticas sutiles, y otras no tanto, para controlar la selección de las relaciones amorosas o de la vocación de sus hijos. Una pregunta clave que puedes hacerte es: *¿Quién será el más beneficiado si sigo adelante con esta acción?* Recuerda que los manipuladores tienen motivos *egoístas* y no buscan el beneficio de los demás. Pídele a Dios que te revele los verdaderos motivos.

- No permanezcas en estado de alerta máxima contra la manipulación. Bríndate y entrégate abnega-
  damente en servicio a los demás como propusiste
  en tu corazón, y no pierdas el gozo preguntán-
  dote si te manipularon para conseguir eso de ti.

Declaración de fe

Puedo discernir fácilmente las tácticas de manipulación y tengo el coraje para resistirme a caer presa
en manos de personas controladoras.

Día 14

Acusado

*"No prevalecerá ninguna arma que se forje
contra ti; toda lengua que te acuse será refutada.
Ésta es la herencia de los siervos del SEÑOR, la
justicia que de mí procede", afirma el SEÑOR.*

ISAÍAS 54:17

La sucesión de altibajos de la vida de José estaba a
punto de precipitarse otra vez. Hubo un tiempo en que
había disfrutado de una posición de privilegio en medio
de su familia como hijo favorito de su padre. Lamentablemente, sus envidiosos hermanos le vendieron como
esclavo a Potifar, un funcionario egipcio. Pero José se
ganó el favor de Potifar, quien le puso a cargo de toda su
casa. Cuando la esposa de Potifar le hizo insinuaciones
sexuales, el apuesto, confiable y piadoso israelita huyó
de ella. En la obra de teatro *The Mourning Bride* [La
novia de luto], el dramaturgo William Congreve (1670-
1729) dijo: "No existe ira en el cielo como el amor convertido en odio, ni furia en el infierno como la de una
mujer despechada". Tenía razón. La despechada esposa
de Potifar acusó falsamente a José de intento de violación. Tras escuchar sus palabras, su esposo lo arrojó a
la prisión del rey.

Una falsa acusación no tardará en provocar enojo

en la mayoría de las personas. Pero no fue así con José. Si bien afirmó su inocencia, mantuvo una muy buena actitud. El guardia de la cárcel le puso a cargo de todo el resto de los prisioneros. José no lo sabía, pero todo estaba sucediendo de acuerdo a un plan divino. Se hizo amigo de un compañero de prisión que resultó ser el copero del rey. También interpretó el sueño del copero y le dijo que el faraón le volvería a colocar en su cargo. Todo sucedió tal como dijo José.

Dos años después, cuando el faraón tuvo un sueño perturbador, el copero se acordó de que José había interpretado con precisión su sueño y le habló al faraón acerca de él. Entonces este mandó llamar a José, quien le explicó que estaba a punto de producirse una grave crisis económica. José le dio además una estrategia para minimizar el daño. El faraón lo nombró su mano derecha y lo puso a cargo de toda la tierra de Egipto para que controlara la situación. (Puedes leer la saga completa de las pruebas y victorias de José en Gn. 37 y 39—50).

Todos somos propensos a ser presa de acusaciones o juicios erróneos injustos y posiblemente perjudiciales. A veces, cuando esto nos sucede, las llamas de la furia encienden con facilidad una indignación justa. Ese tipo de circunstancias difíciles exigen que controlemos nuestras actitudes y nuestro genio, ya que pueden dejar heridas devastadoras con cicatrices duraderas.

Tal vez puedas identificarte con una experiencia de este tipo. Quizás alguien que pensabas que era amigo esparció un rumor falso. O puede que hayas pasado por un divorcio doloroso y sufriste por las opiniones o los juicios severos de otras personas. A muchos se les acusó falsamente, y recibieron condenas por crímenes que no cometieron. Hasta Jesús fue víctima de falsas acusaciones y recibió constantes ataques de los líderes implacables de su época. Sin embargo, Él amó, perdonó y murió por sus acusadores.

Las acusaciones contienen el poder del engaño, la fuerza de la malicia y el combustible del enojo. Pueden socavar nuestra confianza, nuestra capacidad de creer en los demás y nuestra fe en la humanidad. Cuando te enfrentes a acusaciones, pon a prueba estas respuestas que honran a Dios:

- Mantén la calma y no te exasperes con la persona o el grupo que te acusa.

- En lugar de indignarte, intenta averiguar qué llevó al acusador a creer que eres culpable. Algunas acusaciones se originan basadas en percepciones erróneas de tu comportamiento.

- Ponte en contacto con miembros de tu familia, amigos o colegas, que te apoyen y hayan enfrentado circunstancias similares, para recibir sus sabios consejos y el aliento necesario para pasar la dura prueba. Aléjate de los que todavía están amargados a causa de su experiencia.

- Si tienes información factual y objetiva que pueda refutar la acusación, no dudes en presentarla. Cuando me acusaron de malinterpretar el testamento de mi padre fallecido y de no revelar todos sus activos, puse todos los registros financieros a disposición de los herederos. También presenté opiniones legales que había solicitado a otros abogados. El asunto finalmente fue acallado. Además, si hay un testigo creíble o alguien que pueda corroborar tu versión, pídele que lo haga.

- Aunque puedas demostrar que las acusaciones son falsas, renuncia a cualquier expectativa de la *obligación* de una disculpa por parte del acusador. Perdónale de todos modos; la petición de disculpas no es requisito indispensable para el perdón. No permitas que tus fastidiosos pensamientos de injusticia te atormenten y te conduzcan a una vida de amargura. En cambio, medita en pasajes bíblicos que hagan referencia a cómo Dios venga las injusticias que sufrimos. El siguiente pasaje me fue de consuelo en mi propia experiencia de estos tiempos difíciles:

> No tomen venganza, hermanos míos, sino dejen el castigo en las manos de Dios, porque está escrito: "Mía es la venganza; yo pagaré", dice el Señor… No te dejes vencer por el mal; al contrario, vence el mal con el bien (Ro. 12:19, 21).

Declaración de fe

Mi Padre celestial juzgará toda palabra dicha en mi contra y se vengará rápidamente de mis adversarios.

Día 15

En desventaja

Tanto el hombre que cree que puede como el
hombre que cree que no puede tienen razón.

Henry Ford

Gabrielle (Gabby) Douglas, la gimnasta artística y
miembro del equipo femenino estadounidense de gimnasia en los Juegos Olímpicos de Verano de 2012, ganó
la medalla de oro tanto en el concurso completo individual como por equipos. Es la primera afroamericana en
la historia de los Juegos Olímpicos, que gana el concurso
completo individual. Gabby, de dieciséis años, tuvo que
superar la separación de su familia. A los catorce años se
marchó de Virginia Beach, Virginia, para vivir con una
familia anfitriona de raza blanca en West Des Moines,
Iowa, a fin de prepararse con un entrenador especial.
Además, tuvo que superar dificultades financieras y el
racismo. Si bien este le dolía profundamente, no permitió que el enojo le atravesara el corazón. A pesar de
sus circunstancias, nunca consideró que estaba en desventaja. En una entrevista de televisión posterior a los
Juegos Olímpicos, ella describió su victoria como "algo
de Dios". Y no cabe ninguna duda que así fue.

Durante su breve período en la tierra, Jesús demostró
un afecto especial por los menos favorecidos de su época.

De hecho, cuando Herodes Antipas echó a Juan el Bautista a la prisión por hablar en contra del matrimonio de Herodes con la ex esposa de su propio hermano, Juan comenzó a dudar de si Jesús realmente era el Mesías. Por eso envió mensajeros a Jesús para que le hicieran la gran pregunta: "¿Eres tú el que ha de venir, o debemos esperar a otro?" (Lc. 7:19). Jesús respondió: "Vayan y cuéntenle a Juan lo que han visto y oído: Los ciegos ven, los cojos andan, los que tienen lepra son sanados, los sordos oyen, los muertos resucitan y a los pobres se les anuncian las buenas nuevas" (Lc. 7:22).

¡Vaya! Toda una lista de personas en desventaja: discapacitados, marginados sociales y pobres. Cristo vino a darles a todos vida abundante en Él.

La sociedad, algunas instituciones y otros organismos han sometido a generaciones de hombres y mujeres a inferioridad de condiciones sociales debido a sus intereses egoístas o ideas tendenciosas. Este tipo de situaciones, a menudo suscita enojo con un efecto dominó que toca a muchos. Tanto la persona en desventaja como aquella cuya ventaja se ve amenazada podrían enojarse y dar lugar a un círculo vicioso de ira. Cuando nos aferramos a la creencia de que estamos en desventaja, es fácil entregarnos mentalmente tanto al miedo como al enojo y, en última instancia, al resentimiento y la amargura.

Estas son algunas estrategias que pueden ayudarte a mantener tus pensamientos en orden y a no perder la paz:

- Lee la biografía o lo más destacado en la vida de otras personas con tu misma desventaja en particular. La próxima vez que decidas que la vida no es justa o que te tocó la peor parte, considera el éxito de las siguientes personas:

- *Mefiboset*, el hijo de Jonatán (el mejor amigo de David), estaba tullido de ambos pies como resultado de una caída. Este tipo de discapacidad le hubiera convertido en un marginado social. Sin embargo, cuando David se convirtió en rey, fue a buscarle para ampararlo, porque había asumido el compromiso de cuidar a la familia del ahora difunto Jonatán. Mefiboset tuvo el privilegio de sentarse diariamente a la mesa del rey (2 S. 9).

- *Louis Braille*, un educador francés, inventó, a pesar de su ceguera, el sistema de impresión braille con puntos en relieve para que las personas ciegas pudieran leer.

- *Thomas A. Edison*, el "padre de la electricidad", tenía dificultades en la audición y problemas de aprendizaje. No obstante, fue incansable en sus intentos de inventar una práctica lamparilla eléctrica junto a un sistema eléctrico acorde. Y superó el fracaso cientos de veces, si no miles, hasta lograr su objetivo.

- *Kyle Maynard* nació con brazos que terminan en sus codos y piernas que terminan casi en sus rodillas. En su autobiografía *Sin excusas*, un éxito de ventas, explica cómo superó su discapacidad física para convertirse en un campeón en la lucha y en la vida.

- *Oprah Winfrey* transformó una vida de pobreza en inspiración para fundar un imperio de miles de millones de dólares. El nombre Oprah se convirtió en una marca. En 2011, la revista *Forbes* estimó que su fortuna personal ascendía a 2700 millones de dólares.

Lo que tenían en común todas estas personas en inferioridad de condiciones fue que creyeron que podían superar sus obstáculos, dificultades y discapacidades físicas. Russell Simmons, empresario y productor discográfico, dice: "No existen los fracasos, solo personas que se rinden". Si te sientes frustrado o enojado por lo que consideras un obstáculo imposible de superar, pon a prueba estas estrategias:

- Adopta una perspectiva divina cuando experimentes sentimientos de privación o desventaja. Recuerda que tienes un destino específico que nadie puede truncar. "Si lo ha determinado el Señor Todopoderoso, ¿quién podrá impedirlo? Si él ha extendido su mano, ¿quién podrá detenerla?" (Is. 14:27).

- Ora por tus circunstancias con la confesión de pasajes bíblicos específicos. *Una pista:* Para encontrar pasajes relacionados con tu vida, ve a www.Google.com y escribe en el cuadro de búsqueda "versículos bíblicos sobre" (ceguera,

discapacidades, etc.) o "qué dice la Biblia sobre".
Mira tu adversidad como un medio para desarrollar tu carácter y como algo que redundará
en grandes recompensas. Por lo tanto, comienza
a agradecer a Dios por sus bendiciones, incluso
antes de verlas cristalizadas.

• Deja de decir que estás *en desventaja* cuando
hables sobre tus circunstancias o tu posición en
la vida, aunque seas discapacitado, sufras priva-
ciones financieras o provengas de una familia de
baja condición social. Definirte como alguien
que está en desventaja sería una profecía que tú
mismo estás haciendo realidad debido a tu convicción negativa. Puede que tengas que superar
algunos obstáculos más que la persona promedio,
pero nunca estarás en desventaja si estás unido al
Dios que todo lo puede (Omnipotente), todo lo
sabe (Omnisciente) y está en todas partes (Omni-
presente).

Declaración de fe

Dios me vio antes que yo naciera. Todos los días
de mi vida ya estaban escritos en su libro; se estaban diseñando, aunque no existía uno solo de
ellos (ver Sal. 139:16). Y ya que "Dios no tiene
favoritos" (Gá. 2:6, NTV), nada ni nadie podrá
impedir mi destino.

No reconocido

El que quiera hacerse grande entre
ustedes deberá ser su servidor.

MARCOS 10:43

Un día, Jesús estaba entrando a cierto pueblo, cuando diez leprosos le gritaron pidiéndole que los sanara. Sin decirles que les concedería su petición, Él solo les indicó que fueran a presentarse ante el sacerdote (según lo exigía la ley ceremonial). Mientras iban de camino, de pronto se dieron cuenta de que habían sido sanados.

Sin embargo, solo uno de ellos volvió a expresar su gratitud por la sanidad recibida. "¿Acaso no quedaron limpios los diez? —preguntó Jesús—. ¿Dónde están los otros nueve? ¿No hubo ninguno que regresara *a dar gloria a Dios*, excepto este extranjero?" (Lc. 17:17-18, cursivas añadidas). Jesús también supo qué es manifestar bondad hacia los demás y que no lo valoren. Aunque obviamente no le agradó, Jesús no permitió que la ingratitud de los leprosos le provocara enojo. Los había sanado estrictamente para la gloria de Dios. Se asombró de que pudieran tomar tan a la ligera la bondad del Padre. En su mayoría, los ingratos nunca se detienen a reconocer la mano de Dios en aquellos que hacen algo bueno para ellos.

Estoy cansada de las personas desagradecidas. Cuando ofrezco mi tiempo, mis recursos y otras formas de benevolencia hacia los demás y estos actúan como si tuvieran derecho a ello, tengo que pedirle a Dios una gracia especial para lidiar con mi frustración. Por lo general, atribuyo su comportamiento a la falta de formación familiar o simplemente a una mala capacidad para comunicarse. Sin embargo, me siento más desilusionada conmigo misma. Quiero que mi primera respuesta a su ingratitud sea: "Está bien. De todos modos, lo hice para la gloria de Dios". Pero confieso que no es así. ¡Vaya! He llegado a llamar a los beneficiarios (generalmente parientes o amigos cercanos) para decirles: "Oye, ¿dónde está mi tarjeta de agradecimiento por ese regalo?".

¿Qué hay de ti? ¿Sueles experimentar situaciones en las cuales los demás no aprecian tu servicio, tus sacrificios, tus regalos u otras manifestaciones de bondad? ¿Te enoja o te ofende esa actitud? De ser así, pon a prueba estas tácticas:

- Evalúa el verdadero motivo que te lleva a realizar un acto de bondad. ¿Lo estás haciendo realmente como Jesús lo hizo, es decir, para la gloria de Dios? ¿O estás buscando tu propia gloria en forma de elogios, aceptación o acceso a aquellos que puedan ser recíprocos contigo de varias maneras? Cuando servimos con intenciones egoístas, es probable que nos encontremos con personas egoístas que no nos valoran.

- Empleado, si te sientes sobrecargado en tus responsabilidades, habla con tu jefe y determina si realmente tienes un volumen de trabajo excesivo. Pregúntale cómo tiene planeado retribuirte (estoy suponiendo que eres excelente en tu trabajo). Si tu jefe no tiene ningún plan para retribuirte, propón *tu* propio plan que incluya una bonificación, más tiempo libre o alguna otra recompensa. Intenta mantener tu pedido dentro de los límites de la política y costumbre de tu empresa. Si lo que deseas es trabajar menos, considera la idea de pedir un horario de trabajo reducido después de evaluar en oración el presupuesto de tu casa. Y a propósito, el "no" funciona cuando tus compañeros de trabajo intentan endilgarte su trabajo.

- Esposa/madre, si tu esposo no te valora y no cumple con su parte de responsabilidades en el hogar, puede que tú le hayas enseñado que está bien tratarte así. Tal vez te hayan enseñado algunas estrategias disfuncionales para afrontar estas situaciones, incluido sufrir en silencio. Por consiguiente, tu enojo permanece oculto, se convierte en resentimiento y amargura y destruye tu relación.

  Esto no es un llamado a la rebeldía. Sin embargo, si ya has hablado sobre el problema y tu esposo continúa ignorándote, pídele a Dios que te muestre qué consecuencias puedes implementar que no deshonren tu matrimonio ni tu fe. Tal vez necesites contener tu lado "maniático del orden" para que entienda por sí mismo lo que le quieres decir.

Este es un tema candente para muchos matrimonios, y es fundamental tener una buena comunicación en calma. Te sentirás en paz si puedes negociar con tu esposo las responsabilidades específicas que él asumirá. No dejes de ser cordial y amorosa, y ten esperanzas de que obtendrás un resultado positivo. Además, procura cuidar tu salud mental y organiza momentos para la vida social. Haz lo que las líneas aéreas advierten antes de cada vuelo y "colócate primero tu propia máscara de oxígeno" para poder ayudar a los que dependen de ti. Esto te convertirá en una mejor esposa y madre. Ahora bien, no te olvides de reconocer y expresar el aprecio por cualquier avance que logre tu esposo.

- Familiar/empleador/otros, si las personas ingratas de tu círculo social siguen afectando tu calidad de vida, hazles saber de qué manera te perturba su comportamiento. Recuerda que tienes la opción de continuar, disminuir o dejar de brindarles los servicios o sacrificios que estás realizando. Solo verifica que tu motivación sea la correcta. Es importante "si [tu don] es el de animar a otros, que los anime[s]; si es el de socorrer a los necesitados, que dé[s] con generosidad; si es el de dirigir, que dirija[s] con esmero; si es el de mostrar compasión, que lo haga[s] con alegría" (Ro. 12:8).

Declaración de fe

Sirvo a los demás con un motivo puro y solo
acepto las responsabilidades que Dios me indica.

Día 17

Impotente

*SEÑOR, Dios de nuestros antepasados, ¿no
eres tú el Dios del cielo, y el que gobierna
a todas las naciones? ¡Es tal tu fuerza y tu
poder que no hay quien pueda resistirte!*

2 CRÓNICAS 20:6

Raquel quería concebir un hijo más que nada en el
mundo. Su esposo, Jacob, quien después se convertiría en
el patriarca de las doce tribus de Israel, la amaba entraña-
blemente. De hecho, aceptó trabajar para su padre Labán
durante siete años a cambio de su mano en matrimonio
(Gn. 29). Lamentablemente, el inescrupuloso Labán le
jugó una mala pasada al final del trato. La noche de la
boda, hizo pasar al lecho nupcial a Lea —la hermana
mayor y menos atractiva de Raquel— en lugar de Raquel.

Jacob estaba furioso, pero no podía hacer nada para
cambiar la situación. Al saber que Jacob estaba perdida-
mente enamorado de Raquel, Labán negoció entregársela
a la semana siguiente si le prometía trabajar para él durante siete años más. Jacob tuvo finalmente a la mujer de sus
sueños. Y la amó de manera exclusiva. Al ver que Jacob
no amaba a Lea, Dios la hizo fértil, y concibió muchos
hijos, mientras Raquel soportaba el estigma social de ser

estéril. Raquel importunaba a Jacob para que él hiciera algo por su penosa situación:

> *Cuando Raquel se dio cuenta de que no le podía dar hijos a Jacob, tuvo envidia de su hermana y le dijo a Jacob:*
> *—¡Dame hijos! Si no me los das, ¡me muero!*
> *Pero Jacob se enojó muchísimo con ella y le dijo:*
> *—¿Acaso crees que soy Dios? ¡Es él quien te ha hecho estéril! (Gn. 30:1-2).*

Jacob se sentía frustrado, porque no podía dejar embarazada a Raquel. Sin embargo, en el tiempo de Dios, Raquel dio a luz a José (Gn. 30:22-24) y a Benjamín (Gn. 35:17-18), que se convirtieron en los hijos favoritos de Jacob.

Ya sea que estemos atrapados en el tránsito, un ascensor, una mala relación, un barrio decadente, un empleo sin perspectivas de desarrollo o cualquier otra situación en la que pensemos que no hay manera de cambiar las cosas, los sentimientos de impotencia fácilmente pueden convertirse en enojo. El enojo nos da un falso sentido de poder. Alguien dijo una vez: "El enojo es la manera en que intentamos reafirmar nuestro control sobre situaciones que nos desconciertan".

Esto puede parecer contradictorio, pero espiritualmente, existe un gran poder en nuestra impotencia, porque es allí donde Dios mejor demuestra su poder. Cuando el apóstol Pablo se sentía acosado por una debilidad, buscó a Dios tres veces para pedirle que se la quitara. Él se negó a quitársela, y tan solo respondió: "…Te basta con mi gracia, pues mi poder se perfecciona en la debilidad" (2 Co. 12:9).

En lugar de hacer hincapié sobre lo horrible que es tu situación o esconderte detrás de la postura de echar la culpa a los demás, comienza a asumir la responsabilidad personal de pedirle a Dios que te ayude a lograr un cambio. Él te usará *a ti* para resolver *tu* problema. Nunca eres impotente cuando su Espíritu vive dentro de ti. Dios "puede hacer muchísimo más que todo lo que podamos imaginarnos o pedir, por el *poder que obra eficazmente en nosotros*" (Ef. 3:20, cursivas añadidas). Por lo tanto, aquí tienes un plan para salir del pozo de la impotencia:

- Reconoce tu impotencia ante Dios como un acto de entrega a su voluntad y su propósito para tu situación. Lee cómo el rey Josafat triunfó sobre tres ejércitos poderosos después de hacer esta oración: "Dios nuestro, ¿acaso no vas a dictar sentencia contra ellos? Nosotros no podemos oponernos a esa gran multitud que viene a atacarnos. ¡No sabemos qué hacer! ¡En ti hemos puesto nuestra esperanza!" (2 Cr. 20:12).

- No te lamentes delante de los demás de tu situación de impotencia. Hacerlo saboteará tu fe para creer que es posible un milagro y disminuirá tu denuedo en buscar la solución que Dios quiere revelarte. Este también es un buen momento para abandonar cualquier ilusión de que tienes el control de las otras áreas de tu vida que parecen estar yendo bien. Nosotros no tenemos *nada* bajo control. Todo lo bueno que nos sucede es por la gracia de Dios.

- Deja de sentirte una víctima y reconoce sinceramente cuál es tu responsabilidad en el problema. Deja de echar la culpa a los demás. Determina en oración qué medida puedes tomar ahora, que te permita comenzar a cambiar tu situación (decir que no, confrontar a un ofensor, hablar con sinceridad acerca de tus deseos y expectativas, fijar límites, estar mejor capacitado o preparado). No permitas que el temor a las reacciones o el rechazo de los demás te paralicen y te impidan avanzar. Eres más valioso de lo que crees. Además, tienes amigos poderosos en las altas esferas: ¡el Padre, el Hijo y el Espíritu Santo!

Sé que he sido algo dura contigo en este capítulo, pero percibo que necesitas salir de tu letargo para comenzar a vivir la vida abundante que Jesús te dio al morir por ti.

Declaración de fe

El poder de Dios que vive en mí me ayuda a triunfar en cualquier situación.

Deprimido

¿Por qué voy a inquietarme?
¿Por qué me voy a angustiar?
En Dios pondré mi esperanza y todavía lo alabaré.
¡Él es mi Salvador y mi Dios!
Me siento sumamente angustiado;
por eso, mi Dios, pienso en ti.

SALMOS 42:5-6

El profeta Elías pasó de la cima del monte al valle, física y emocionalmente. Sus proezas espirituales eran famosas. Con el poder de Dios, hasta había resucitado al hijo de una viuda (1 R. 17:17-24). Humilló a cuatrocientos cincuenta falsos profetas cuando los retó a ofrecer una demostración de milagros para comparar el poder de Baal con el poder de Dios (1 R. 18:16-40). Aquel dios fracasó, y Elías ordenó al pueblo que matara hasta el último de ellos (v. 40). El enfrentamiento desató un avivamiento nacional. La reina Jezabel, adoradora de Baal, estaba furiosa. ¡Cómo se atrevía Elías a destruir a sus profetas! Por eso le envió un mensaje de que, sin duda, se vengaría y lo mataría al día siguiente.

Elías se asustó y huyó para ponerse a salvo. Cuando llegó a Berseba de Judá, dejó allí a su criado y caminó todo un día por el desierto. Llegó adonde había un

arbusto, y se sentó a su sombra con ganas de morirse.
"¡Estoy harto, SEÑOR! —protestó—. Quítame la vida,
pues no soy mejor que mis antepasados" (1 R. 19:3-4).

Elías estaba cansado de pelear. Era tal el desánimo de este poderoso hombre de Dios, que oró para que Dios le quitara la vida.

La depresión puede atacar a cualquiera por igual. Nadie, por muy grande o pequeño que sea, es inmune a sus garras. Todos nos sentimos tristes de vez en cuando por circunstancias, como la muerte de un ser querido, la pérdida de un empleo o la ruptura de una relación deseada. Los profesionales de la salud mental hacen una distinción entre la depresión discontinua y la depresión continua (depresión clínica). Estos son los últimos descubrimientos del doctor Daniel K. Hall-Flavin, psiquiatra de la Clínica Mayo:

> La depresión tiene distintos niveles de gravedad, que van desde episodios de tristeza leves y temporales a depresión grave y persistente. Los médicos usan el término "depresión clínica" para describir la forma más grave de depresión, también conocida como "depresión mayor"… Los síntomas de la depresión clínica pueden incluir:
>
> - Estado de ánimo depresivo durante la mayor parte del día, casi todos los días.
>
> - Pérdida de interés o placer en la mayoría de las actividades.
>
> - Pérdida o aumento de peso significativo.

- Dormir demasiado o no poder dormir casi todos los días.

- Lentitud perceptible del pensamiento o el movimiento.

- Fatiga o falta de energía casi todos los días.

- Sentimientos de inutilidad o culpa improcedentes.

- Falta de concentración o indecisión.

- Pensamientos recurrentes de muerte o suicidio.

Para recibir el diagnóstico de una depresión clínica… se deben tener al menos cinco o más de los síntomas antes mencionados durante un período mayor a las dos semanas. Al menos uno de los síntomas debe ser el estado de ánimo depresivo o la falta de interés o placer.[6]

La depresión afecta a millones de personas de todo el mundo. Puede provenir de factores químicos o genéticos, o puede tener que ver con factores del entorno o las circunstancias. Cuando la persona se encuentra en este estado, los mensajeros químicos del cerebro (principalmente la serotonina, la sustancia química que nos hace sentir bien) están agotados e impiden que las neuronas se comuniquen bien. Tal vez esto explica ese enojo que no tiene explicación. (Ver más detalles sobre este tema en el capítulo 29, "Desequilibrios químicos"). Es importante reconocer cuándo se está asomando el fantasma de la depresión en nuestra vida para que podamos dar los pasos oportunos para enfrentarla.

Lamentablemente, muchas personas tratan su depresión mediante todas las opciones equivocadas de la automedicación. Y complican sus emociones, ya problemáticas, con sustancias depresoras, como las drogas y el alcohol, que a menudo agravan su estado. Dichosamente, Dios envió un ángel para que ministrara a Elías y, después de un período de descanso y alimentación, estuvo en condiciones de seguir adelante (1 R. 19).

Aquí te muestro algunos métodos prácticos y espirituales para tratar con la depresión y vencer su poder que puede llevarte a ser un malhumorado y cascarrabias.

- Reconoce los síntomas (antes mencionados); no los minimices.

- No te demores en buscar ayuda. Las investigaciones muestran que cuanto más tiempo esperas, más daño puede ocurrir. Destierra la noción de que buscar ayuda es una señal de debilidad. De hecho, es un acto de valentía y sabiduría buscar la solución a un problema y mejorar tu calidad de vida.

- No lo intentes solo. El aislamiento es una de las armas predilectas del enemigo. Únete a un grupo de apoyo o a un grupo de oración para conocer a otras personas que también sufren de depresión. Ríndele cuentas de tu situación a alguien y dale permiso a un amigo cercano o miembro de tu familia para que supervisen tus progresos.

> Más valen dos que uno, porque obtienen más
> fruto de su esfuerzo. Si caen, el uno levanta
> al otro. ¡Ay del que cae y no tiene quien lo
> levante! (Ec. 4:9-10).

- Descansa lo necesario. El cansancio crónico puede hacer que las sustancias químicas de tu cerebro disminuyan considerablemente. *Advertencia:* No recurras al sueño excesivo como válvula de escape para no tener que lidiar con el dolor de la depresión.

- Come alimentos saludables (frutas frescas, verduras y proteínas magras); evita los productos preparados con azúcar y harina refinada.

- Intensifica tu programa de ejercicios. La actividad física es fundamental, ya que aumenta la producción de serotonina.

- Participa de alguna actividad que antes disfrutabas.

- Ten expectativas de que cada día estarás mejor.

Declaración de fe

Dios tiene planes para mí. Son planes de bienestar y no de calamidad, para darme un futuro y una esperanza (Jer. 29:11).

Día 19

Ignorado

Él es el Dios que me vindica.
Salmos 18:47

Fue más que una afrenta percibida; fue un malentendido militar, que por poco ocasiona una guerra civil entre dos tribus judías. Dios había dado a Gedeón instrucciones específicas sobre cómo vencer a los madianitas, enemigos de Israel. Mediante una serie de milagros, Gedeón y su ejército, una selección especial de trescientos hombres, vencieron a decenas de miles de guerreros (Jue. 7—8). Pero los efraimitas, una de las tribus de su pueblo, oyeron sobre su conquista y se enfurecieron porque Gedeón no los había invitado a participar de la guerra, puesto que los madianitas eran un enemigo en común. De hecho, cuando los madianitas huían de Gedeón y sus hombres, los efraimitas capturaron y mataron a dos príncipes madianitas, una victoria importante (7:25). Después, confrontaron a Gedeón por la afrenta percibida.

Los de la tribu de Efraín le dijeron a Gedeón:
—¿Por qué nos has tratado así? ¿Por qué no nos llamaste cuando fuiste a luchar contra los madianitas?
Y se lo reprocharon severamente.
—¿Qué hice yo, comparado con lo que hicieron

ustedes? —replicó él—. ¿No valen más los rebuscos de
las uvas de Efraín que toda la vendimia de Abiezer?
Dios entregó en manos de ustedes a Oreb y a Zeb,
los jefes madianitas. Comparado con lo que hicieron
ustedes, ¡lo que yo hice no fue nada!

Al oír la respuesta de Gedeón, se calmó el resen-
timiento de ellos contra él (Jue. 8:1-3).

Las palabras oportunas… dichas en el momento
oportuno… de la manera oportuna. Gedeón sabía que
la respuesta amable calma el enojo. De no haber sido
por esa respuesta humilde y llena de gracia, la historia
probablemente habría tenido un final distinto.

Que los demás no nos tengan en cuenta puede privar-
nos de una de nuestras necesidades humanas más básicas
y universales: la necesidad de trascendencia. Cuando
alguien nos ignora, el mensaje que recibimos es: "No
eres importante. Considero que tu presencia, tus ideas
y tu contribución no tienen ninguna trascendencia". El
enojo es una respuesta común a una afrenta de este tipo.

Ese fue el caso de Juan, un afroamericano que viajaba
por la zona más racista de los Estados Unidos después de
haber atravesado el país en auto desde California. Cuando
entró a la pequeña tienda del pueblo, el vendedor blanco
que estaba al teléfono siguió hablando sin reconocer la
presencia de Juan. Varios minutos después, otro cliente
blanco entró a la tienda. El vendedor inmediatamente
colgó el teléfono y le preguntó: "¿En qué puedo ayudarle?". Después de completar la transacción, finalmente le
preguntó a Juan:

—¿Qué desea?

—¡Nada! —gritó Juan mientras salía hecho una furia. Dio un portazo tan fuerte que la puerta casi se sale de las bisagras. Se subió al auto y aceleró por la autopista como un loco. El patrullero de carreteras, que más tarde lo detuvo durante diez minutos, calculó su velocidad en 150 km/h. Su respuesta al hecho de ser ignorado ese día le haría perder mucho dinero y tiempo, ya que debía pagar la multa inmediatamente a un magistrado local.

Ahora bien, antes de aconsejarte sobre cómo mantener la calma cuando no te tienen en cuenta, te ignoran, te desprecian o, de alguna u otra manera, te tratan como si no existieras, déjame advertirte que debes examinar tu historial de reacciones a las afrentas percibidas. Si te han ocurrido asiduamente, ¿podría ser que seas hipersensible al rechazo y veas una afrenta en todas partes? ¿Acaso te han hecho sentir "menos" durante tus años formativos, hasta el punto de suponer que todos buscaban la manera de mantenerte al margen de su círculo de interacción?

Sin duda, has conocido personas cuyas conversaciones están cargadas de historias de rechazo. Cuando me encuentro con este tipo de personas, yo también deseo minimizar mi interacción social con ellas. Pero si esta no es tu historia personal, haz lo siguiente para no perder la paz en estas situaciones:

- Dales el beneficio de la duda a quienes que te hayan desairado. Considera si en verdad te han hecho un desaire. A veces las personas están tan ensimismadas, que posiblemente no se den cuenta de que estás ahí o que estás disponible. Así que toma la iniciativa de hablar con ellas y observa su respuesta. Al menos estarás mejor capacitado para juzgar sus intenciones.

- Si determinas que verdaderamente te están ignorando, respira hondo y pide inmediatamente ayuda divina. *Te necesito, Señor. Ahora mismo. Ayúdame.* Rechaza cualquier pensamiento de represalia o venganza.

- Haz un compromiso contigo mismo de que nunca darás a este tipo de ofensores el poder de invalidar tu autoestima o robarte el gozo. Además, no des por sentado que su desaire es tu problema. Es posible que tu presencia les recuerde sus propios temores, fracasos o metas incumplidas.

- Si puedes confrontar al autor del desaire sin perder la calma ni la compostura, hazlo. "Susi, percibo que hay un problema. ¿Hice algo que te haya ofendido?". Procura no parecer que estás rogando que te acepten y reconozcan. Tan solo estás pidiendo información y estás dando a tu ofensor el beneficio de la duda.

- Recuerda las veces que tú has desairado o ignorado al Espíritu Santo cuando habló a tu corazón o te dio instrucciones de hacer o dejar de hacer algo. Reconoce que Él se siente agraviado (Ef. 4:30) cuando lo ignoramos. Sin embargo, Él no se aparta de nosotros. Nos sigue amando y ofreciendo dirección para nuestra vida. De igual modo, debemos extender a los demás la misma gracia que Él nos extiende a nosotros.

Declaración de fe

El Espíritu Santo nunca me deja. Gracias a Él, el fruto del dominio propio se manifiesta en mi vida y me da poder para responder a las afrentas con gracia y humildad.

Día 20

Invadido

El espacio personal se refiere al área dotada de unas fronteras invisibles, que circunda el cuerpo de la persona y en la que los intrusos no deben penetrar.

ROBERT SOMMER, PSICÓLOGO AMBIENTAL

El personal de la aerolínea anunció que mi vuelo desde Houston hacia Los Ángeles tendría una demora de varias horas. Estaba tan desilusionada y agotada, que sencillamente me desplomé en un asiento del sector de espera y apoyé mi cabeza en el respaldo. No tenía la menor idea de que mi peinado, bastante abultado, tocaba el cuello del hombre que estaba sentado detrás de mí. El hombre respondió a la intromisión con una sola palabra, en un tono muy sereno: "Disculpe". Me horrorizó la idea de que había invadido su espacio personal. Me deshice en disculpas. La verdad es que yo tendría que haber sido más cuidadosa. Después de todo, a mí siempre me molesta cuando alguien entra sin autorización al espacio que yo he decidido que sea mi burbuja personal. Estas intromisiones incluyen los siguientes comportamientos:

- Pararse demasiado cerca en la fila de la caja del supermercado.

- Extender y cruzar el brazo delante de mí en el ascensor en vez de pedirme que presione el número de su piso.

- Colocar los artículos sobre la cinta transportadora de la caja del supermercado antes que yo termine de descargar mi carrito.

- Apoyar una cartera o un maletín sobre el escritorio de mi oficina sin pedirme permiso.

- Ocupar el asiento que está justo a mi lado en una sala de espera en la que hay bastantes asientos vacíos.

Estoy segura de que podrías agregar a esta lista otras "manías de espacio", ya que la mayoría de los individuos —especialmente los estadounidenses— valora su espacio personal y se siente incómodo, ansioso o invadido cuando alguien lo traspasa.

Investigaciones han revelado cuatro círculos distintos de espacio interpersonal:

1. La distancia *íntima* va desde el contacto físico hasta una distancia de 42 cm, y está reservada para las parejas y los hijos, además de familiares, amigos cercanos y mascotas.

2. La distancia *personal* comienza a unos 42 cm y termina a una distancia de aproximadamente 1,20 m de una persona. Este espacio se usa en conversaciones entre amigos y colegas y en debates grupales.

3. La distancia *social* va desde 1,20 m hasta 2,50 m de distancia de un individuo, y está reservada para los desconocidos, los grupos recientes y las relaciones nuevas.

4. La distancia *pública* incluye cualquier distancia que supere los 2,50 m, y se usa para los discursos, las clases y el teatro. La distancia pública es básicamente el rango reservado para públicos más numerosos.[7]

Hay diferentes reacciones ante las invasiones del espacio personal. Algunos directamente se enfurecen, otros confrontan al invasor de manera no amenazadora, y otros responden con agresiones. ¿Cómo hacemos como hijos de Dios para no perder la calma en medio de tales molestias?

• Seguir el ejemplo de Jesús. Las multitudes se apiñaban alrededor de Él por todas partes, dondequiera que iba, y constantemente invadían su espacio personal. "Así que toda la gente procuraba tocarlo, porque de él salía poder que sanaba a todos" (Lc. 6:19). Él se tomaba todas las cosas con calma. Cuando la mujer que tenía hemorragias tocó el borde de su manto, Él preguntó a sus discípulos quién lo había tocado. "Ves que te apretuja la gente —le contestaron sus discípulos—, y aun así preguntas: '¿Quién me ha tocado?'" (Mr. 5:31). Su intención era determinar la identidad de la persona que tenía tanta fe, no reprenderla por acercarse demasiado.

- Confrontar un comportamiento molesto que podría ser recurrente. Me inspiró mucho respeto la manera en que mi amigo del aeropuerto, con apenas una palabra, expresó su disgusto de manera no agresiva. Ahora bien, si una persona está invadiendo tu espacio, y realmente crees que dentro de poco te pondrás como una fiera, respira hondo y di amablemente: "Disculpa, pero necesito un poco más de espacio".

- Ser misericordioso. Recuerda que cada cultura define el espacio personal de manera diferente. Y aunque el ofensor no pertenezca a otra cultura, el solo hecho de pasar por alto algunos incidentes te ayudará a mantener la calma. "El buen juicio hace al hombre paciente; su gloria es pasar por alto la ofensa" (Pr. 19:11). Hay un 99% de probabilidades de que la persona que invade tu espacio no tenga malas intenciones.

Declaración de fe

Me dirijo en amor a todas las personas. Tengo mucha paz y no he de tropezar porque amo tus enseñanzas (Sal. 119:165, NTV).

Día 21

Criticado

*El que atiende a la crítica edificante
habitará entre los sabios.*

PROVERBIOS 15:31

"Yo uso la psicología con ella y solo le digo lo maravillosa que es —me confesó un ejecutivo júnior respecto de la jefa de un departamento clave de su organización—. Ahora ella me confía cosas. Sé que no tolera que le hagan ningún tipo de crítica, así que no se lo hago. Así funciona mejor".

Estas situaciones suceden a diario en las organizaciones laborales y sociales y en las familias, donde muchos deben buscar la manera de tratar con líderes, compañeros de trabajo, familiares y otras personas inseguras que ven la crítica, aunque sea constructiva, como un ataque personal.

Hace muchos años, cuando acepté un puesto ejecutivo en una importante organización sin fines de lucro, una de las primeras cosas que les dije a mis empleados es que sumarían puntos por cada crítica constructiva. Además, les informé que repudiaba a las personas cobardes que eligen, en vez de eso, esparcir chismes o quejarse por los problemas del departamento. Palabras fuertes, pero dieron resultado.

Había encontrado un gran ejemplo en Moisés, el libertador, y quería imitar su actitud y los resultados que obtuvo. Puedo destacar dos ejemplos notables de su sabio manejo de los comentarios o las críticas durante el peregrinaje de los israelitas hacia la Tierra Prometida. Cuando su suegro Jetro fue a verlo en el desierto (Éx. 18), inmediatamente notó el ineficaz sistema administrativo de Moisés para aconsejar al pueblo. Las largas filas y la frustración eran habituales. Jetro le sugirió una estructura en la cual "jefes de mil, de cien, de cincuenta y de diez personas" (v. 21) pudieran ayudarle y le aligeraran la carga. Sin ofenderse en absoluto, el humilde "Moisés atendió a la voz de su suegro y siguió sus sugerencias" (v. 24). Cuando su hermano mayor Aarón y su hermana Miriam le criticaron por casarse con una mujer etíope, él los ignoró, pero Dios no. Dios hirió a Miriam con lepra. Moisés oró por ella, y Dios la sanó (Nm. 12). Ni la crítica constructiva ni la destructiva llevaron a Moisés a responder negativamente.

Estoy convencida de que uno de mis llamados divinos es a hacerles una crítica oportuna a líderes y personas difíciles. No es una tarea que me guste. A diferencia de Moisés, algunas personas se ofenden y no reciben bien las críticas. Muchas de las personas que están en autoridad han creado una cultura de "solo halagos" y ven este tipo de comentarios como una señal de deslealtad o un ataque personal.

Ese fue el caso del rey Asa. Jananí, el vidente, le dijo de manera muy clara que había actuado como un necio al poner su confianza en el rey de Siria en vez de confiar en que Dios lo rescataría del poderoso ejército opositor. Al rey no le cayó bien ese comentario. "Asá se enfureció contra el vidente por lo que éste le dijo, y lo mandó encarcelar. En ese tiempo, Asá oprimió también a una parte del pueblo" (2 Cr. 16:10).

Todos recibiremos críticas en algún momento. No somos perfectos, y nuestras decisiones no siempre agradan a todo el mundo. Por lo tanto, una de las mejores cosas que podemos hacer por nuestro bienestar profesional y emocional es dejar de sentirnos incómodos ante la crítica. Ahora bien, admito que la crítica a menudo duele, porque, básicamente, es una *evaluación de nuestro juicio*. Alguien ha decidido que dijimos o hicimos algo malo. Esto a menudo puede provocar sentimientos de dolor y enojo, aunque la crítica se plantee de manera constructiva. En un momento así, dependiendo de nuestra historia personal o nuestro nivel de seguridad en nosotros mismos, podemos sentirnos rechazados, distanciados y sin apoyo de la persona que nos critica.

Cuando descubres que te enojas en momentos en que evalúan o critican tus comportamientos o decisiones, pon a prueba estas estrategias:

- Considera la fuente y pídele a Dios que te ayude a discernir la verdadera motivación de la persona. Pregúntate: *¿Me mostró esta persona interés o apoyo en el pasado? ¿Qué gana ella en lo personal si yo hago este cambio?*

- Procura escuchar siempre con la intención de entender y beneficiarte verdaderamente del comentario. Sin este, no te sería posible mejorar tus habilidades o hábitos para ser más productivo o exitoso. Intenta tener un diálogo abierto con tu crítico. Pídele que te cite ejemplos específicos de tu comportamiento problemático. Repite su crítica sin exageración ni agresividad: "Entonces, lo que tú dices, Daniel, es que el proyecto actual obstaculiza la productividad". Si sientes resistencia ante el comentario del otro, pregúntate si tu ego o tu inseguridad están saliendo a la superficie y saboteando tu desarrollo. Sé sincero contigo mismo respecto de cualquier sentimiento de incompetencia que haya suscitado la crítica.

- Ora por quienes te critican cuando crees que la crítica es injusta. Intercede fervientemente por ellos y pídele a Dios que los cambie, no solo para que la vida sea mejor para ti, sino para que ellos caminen en la plenitud del amor y el favor de Dios.

- Aunque la crítica sea injusta, mantén la calma y sé amable. Demuestra que estás abierto a la crítica.

Declaración de fe

"No me molesta la crítica. Si es falsa, no la tengo en cuenta; si es injusta, me guardo del enojo; si es ignorante, sonrío; si es justificada, no es crítica, y aprendo de ella" (autor desconocido).

No respetado

*Que todo hombre sea respetado como
individuo y ninguno sea idolatrado.*

ALBERT EINSTEIN

"R-E-S-P-E-T-O. ¡Adivina lo que significa para *mí*!".
Esta letra de la exitosa canción de Aretha Franklin nos
recuerda que el respeto a menudo se define de manera
individual. Cuando algunas personas sienten que no las
respetan, de inmediato se enojan.

Considera la historia de Sara, esposa de Abraham,
el patriarca judío (Gn. 16). Estaba desesperada por tener
un hijo y cansada de esperar a que Dios cumpliera su
promesa de darles uno. Por lo tanto, insistió en que su
esposo durmiera con Agar, su sierva egipcia. Cuando
Agar se enteró de que estaba embarazada, comenzó a
ser irrespetuosa con Sara (v. 4). ¡Grave error! De ningún
modo, Sara iba a tolerarlo y trató a Agar con tanta dureza
que finalmente la sierva huyó (v. 6). Dios intervino y le
indicó a Agar que regresara a la casa y se sometiera a Sara.

Todos queremos que nos respeten. En *Amor y respeto*,
el libro revolucionario que expuso las prioridades de los
hombres y las mujeres en el matrimonio, Emerson Egge-
richs explica que el respeto es la principal necesidad del
hombre. Mi fallecida mentora espiritual a menudo nos

advertía a las esposas principiantes: "El hombre dejará a la mujer que ama por una que le respete".

La falta de respeto es un problema generalizado en nuestra sociedad. Los médicos les faltan al respeto a sus pacientes cuando les hacen esperar una eternidad, como si solo el tiempo de ellos fuera importante. Los comerciantes les faltan al respeto a sus clientes cuando no dan prioridad a sus quejas o cuando los empleados muestran una actitud negativa e indiferente en la atención al cliente. Los hijos les faltan al respeto a sus padres cuando se rebelan contra los límites que se les imponen. Los jefes les faltan al respeto a los empleados cuando les reprenden en público. En muchas situaciones, es posible que la víctima no confronte el problema de la falta de respeto; pero el enojo no resuelto que este genera, a la larga, se manifestará de manera negativa.

No sentirse respetado es una de las emociones que más a menudo se relacionan con las reacciones violentas de adolescentes y adultos. Cuando alguien nos falta al respeto, fácilmente nos enfurecemos y, sin darnos cuenta, podemos perder el control de nuestras reacciones responsables.

Un día, mientras esperaba en un semáforo, accidentalmente, choqué la parte trasera de un BMW flamante (no, ¡no estaba usando mi celular!). Apenas lo toqué. Como vi que el vehículo no presentaba daños, no le di más importancia al asunto. Cuando cambió la luz, vi que el conductor se detenía a mi derecha mientras yo seguía contenta mi camino. Unas cuadras después, el conductor pasó a toda velocidad y me hizo señas para que me detuviera. Estaba vestido como el típico pandillero de las películas. Se veía claramente enojado, y yo estaba aterrada.

—¿Por qué no se detuvo? —gritó—. ¡No me puede faltar al respeto así!

—Oh, señor. Lo siento mucho, señor —dije, exagerando a propósito el "señor" para demostrar que tenía claras intenciones de respetarle. Examinó su parachoques y volvió a pararse junto a mi auto.

—Vi que no había daños —continué—. O quizás estoy distraída porque estoy yendo al hospital a ver a mi madre. Lo siento mucho, señor.

De hecho, simulé estar a punto de llorar para apelar a cualquier atisbo de misericordia que pudiera tener debajo de su dura fachada.

—Bueno, la próxima vez preste más atención a lo que hace —dijo, todavía en un tono brusco.

—Oh, sí, señor. Se lo prometo. Muchas gracias.

¡Qué alivio cuando volvió a su auto! Tratar con personas que nos faltan al respeto puede ser perturbador, difícil e incluso totalmente imposible cuando intentamos hacerlo en nuestras propias fuerzas. Se requiere del fruto que solo el Espíritu Santo puede producir en nosotros, incluidos amor, gozo, paz, paciencia y dominio propio. Esto es lo que debes hacer cuando alguien te falta al respeto:

- Asegúrate de no haber hecho nada que haya causado la falta de respeto. Muchos padres, que carecen de un compromiso moral, caen en esta trampa y se asombran cuando sus hijos sienten que está bien hacer caso omiso de su autoridad. Pídele perdón a tu hijo por tus errores pasados y comprométete a hacer lo correcto en el futuro.

- Acepta el hecho de que vivimos en una sociedad que se mueve a un ritmo vertiginoso donde las personas están distraídas, sobrecargadas de trabajo y a menudo no tienen conciencia de los buenos modales. Ten en cuenta esta realidad cuando trates con el público.

- Cuando alguien te falta al respeto, comprende que no te ganarás el respeto de ese individuo si te enojas con él. Puede que logres intimidarlo, pero no te ganarás su respeto. Ten cuidado de tratar a los demás con el mismo respeto que esperas de ellos.

- En las relaciones frecuentes, confronta a la persona que te faltó al respeto y explícale qué comportamiento esperas de su parte. Si muestra resistencia, explícale con calma cuáles pueden ser las consecuencias si no coopera. Y prepárate para proceder según tu palabra.

Declaración de fe

No soy demasiado sensible a las actitudes y acciones irrespetuosas de los demás. El Espíritu de Dios me muestra cuándo y cómo confrontar tal comportamiento, y cómo implementar las debidas consecuencias.

Día 23

Traicionado

Toda traición comienza con la confianza.
ANÓNIMO

En mayo de 2012, un juez sentenció a Stephanie Lazarus, una detective de Los Ángeles, a veintisiete años de prisión después que un jurado la declaró culpable de asesinar a la nueva esposa de su ex amante. Lazarus había pasado más de veinte años ocultando el crimen que cometió después de sentirse traicionada cuando su novio eligió a la víctima por encima de ella.

La traición es devastadora porque destruye la base de toda relación importante: la confianza. Es habitual en la vida cotidiana. Tu cónyuge o tu pareja se va en brazos de otro después de haberte jurado amor eterno. Tus hermanos divulgan información que les diste en confidencia. Tus compañeros de trabajo te sonríen mientras intentan quitarte tu puesto. La lista es interminable. Es raro aquel que puede manejar la emoción primaria de sentirse traicionado sin pasar a la emoción secundaria del enojo. La mayoría desea o intenta vengarse.

Todavía tengo vívidos recuerdos de cuando me traicionó Susi, una de mis discípulas. Había invertido bastante tiempo en orientarla en lo espiritual, social y profesional. Había usado mi influencia para abrirle puertas a varias oportunidades laborales. Después, cuando tomé la decisión imprudente de traerla a mi propio ámbito empresarial, hizo estragos: sembró semillas de discordia entre mis empleados y yo, inventó historias diciendo que yo acusaba a mis colegas de incompetencia y se insubordinaba en las reuniones de personal. Me sentía devastada. Quería entender sus razones. Aun después de hablar un poco con ella, la única conclusión a la que pude llegar fue que la envidia la había superado. Cuando clamé al Señor para que me diera sabiduría sobre cómo manejar la situación, tan solo oí en mi espíritu: "Aprende del dolor, pero perdona para poder vivir".

Los actos de traición —verdaderos o percibidos— son tan antiguos como la Biblia. Considera la historia del rey Saúl. Se volvió loco de celos de David cuando el pueblo, literalmente, le cantó alabanzas por matar al gigante Goliat. Este rey inseguro, por temor a que David le arrebatara el trono, se propuso matarlo. David se convirtió en uno de los fugitivos más buscados de todos los tiempos.

Para colmo, David y Jonatán, el hijo de Saúl, gozaban de un vínculo cercano que trascendía los lazos familiares. Saúl consideraba que la férrea lealtad de Jonatán a David era un acto de traición. En cierto momento, hasta intentó matar a Jonatán con su lanza (1 S. 20:33).

Más tarde en la saga, leemos que el sacerdote Ajimélec apoyó a David cuando estaba huyendo, al darle comida, al pedir a Dios por él y al ofrecerle la espada de Goliat (1 S. 21—22). Doeg, el jefe de los pastores de Saúl, fue testigo de todo y delató al sacerdote. ¡Saúl estaba furioso! Cómo se atrevía Ajimélec a ofrecerle ese apoyo a su enemigo. Saúl ordenó a Doeg que matara a Ajimélec y a todos los demás sacerdotes (ochenta y cinco en total), a sus familias y a sus animales. De hecho, mandó destruir toda la ciudad de Nob, la ciudad de los sacerdotes. Esa masacre se basó en la *percepción* de Saúl de haber sido traicionado, y aquella fue su venganza. Claro que la percepción de una persona es su realidad; así que hubiera sido inútil que alguien intentara convencer a Saúl de que Ajimélec no lo había traicionado deliberadamente.

Jesús conoció la traición. Judas, un miembro de su círculo íntimo, le traicionó por treinta piezas de plata y lo entregó para que le crucificaran (Mt. 26:14-16). Desde luego, Jesús le habría perdonado por su traición al igual que lo hizo con Pedro, por negarlo. Lamentablemente, Judas, lleno de remordimientos, no pudo perdonarse y se suicidó. Ni por un momento pienses que la persona que te traicionó la está pasando bien. Lo más probable es que también sienta remordimiento.

Cuando alguien nos traiciona, a menudo nos enojamos con nosotros mismos por haber confiado en esa persona. Cuestionamos nuestra capacidad de juzgar el carácter de los demás. Esos pensamientos de autocastigo no hacen más que confundirnos y mantenernos atrapados en el dolor de la traición. Pero existe un camino mejor. Las siguientes instrucciones te ayudarán a salir del camino de la duda de ti mismo y la venganza, y a volver al camino de la confianza.

- Mantén una perspectiva divina. Jesús sabía que la traición de Judas formaba parte de su destino como el Cordero sacrificado por la humanidad. Seguramente, Dios debe tener un propósito más elevado para permitir que experimentes una traición. Confía en que Él te lo revelará. Y confía en Él, aunque no te revele el propósito de la traición.

- No te culpes ni busques la manera de justificar o excusar la traición, especialmente la traición de un cónyuge. Tú no hiciste que tu cónyuge te engañara. Algunos cónyuges son infieles, porque no tienen el valor o la capacidad de comunicarse y expresar sus decepciones, deseos o expectativas. Algunos son demasiado ingenuos para verlo venir. Hay otros que confían demasiado en su propia fortaleza para resistir la tentación. En última instancia, cada uno es responsable de sus elecciones morales.

- Determina lo que quieres decirle al ofensor. Practica cómo expresarlo con calma, control y autoridad. No deshonres a Dios al perder la calma o recurrir a los insultos o la violencia. Sé muy claro con respecto a tu decepción y tu dolor.

- Renuncia a los pensamientos de venganza; eso le toca a Dios. "Mía es la venganza; yo pagaré" (He. 10:30). Reconoce que aun relatar el incidente a otros puede convertirse en un acto de venganza o represalia, ya que, así, destruyes la reputación o la imagen del ofensor ante los demás.

- Determina en oración si debes *recuperar* o *cortar* la relación. No se trata de decidir si perdonas o no; el perdón es obligatorio. "Más bien, sean bondadosos y compasivos unos con otros, y perdónense mutuamente, así como Dios los perdonó a ustedes en Cristo" (Ef. 4:32). Piensa que, tal vez, Dios desee que continúes gozando los demás beneficios de seguir unido a la vida del traidor. Si decides recuperar la relación, sé claro sobre lo que deseas o esperas que haga dicha persona para recobrar tu confianza. Este no es el momento para ser impreciso en lo que expresas o insistir en que la persona debería saberlo; algunos realmente no saben de qué se tratan las relaciones. Evalúa cuán dispuesta está la persona a hacer el esfuerzo de cambiar; cualquier resistencia a recibir consejería y enseñanza o rendir cuentas a otros puede ser una señal de alerta y un indicador de una futura reincidencia.

- Por muy difícil que sea, hoy es un buen momento para comprometerte a dejar el pasado atrás. Realmente, no hay necesidad de seguir reviviendo el caso o de manipular al ofensor al recordarle todo el tiempo su culpa. "Y cuando éstos han sido perdonados, ya no hace falta otro sacrificio por el pecado" (He. 10:18). Si la persona se arrepintió sinceramente, Dios no pide más sacrificios; tú tampoco deberías pedirlos.

- En el futuro, presta atención a la intuición que Dios te dio. Confía en tus dudas, percepción o inquietud constante respecto de los motivos de la otra persona. No ignores ni minimices las señales de advertencia. Procura comprender lo que está pasando realmente. No te preocupes por el hecho de que te tilden de inseguro por hacer preguntas.

- Resiste la tentación de empezar a desconfiar de todo el mundo. Trata cada traición como un suceso independiente. No tomes a toda la raza humana o a todo un género por igual. No todos los hombres son perros, no todas las mujeres son aventureras, no todas las personas de la iglesia son hipócritas. Sigue estableciendo —y expresando— límites claros y expectativas razonables.

Declaración de fe

Honro a mi Padre celestial como el que gobierna todas las circunstancias de mi vida. Sus planes para mí son de bienestar, para darme un futuro y una esperanza (Jer. 29:11).

Día 24

Ofendido

*Todos fallamos mucho. Si alguien nunca falla
en lo que dice, es una persona perfecta, capaz
también de controlar todo su cuerpo.*

SANTIAGO 3:2

Parece que todas las semanas hay una noticia sobre alguien que se ha ofendido por algo que dijo o hizo un político, un famoso, un pastor o alguna otra persona de alto perfil. Esto se ha convertido en una obsesión en los Estados Unidos.

El diccionario de la Real Academia Española define *ofender* como "humillar o herir el amor propio o la dignidad de alguien, o ponerlo en evidencia con palabras o con hechos". Dentro de esta definición estricta, me parece que la mayoría de nosotros tenemos demasiadas cosas que hieren nuestro amor propio.

Por ejemplo, yo solía ofenderme cuando las mujeres delgadas se quejaban sobre su peso en mi presencia. La verdad era que mi sensibilidad provenía del hecho de que toda mi vida he tenido que luchar para mantener mi peso bajo control. Por lo tanto, permitía que esos comentarios generaran sentimientos de inferioridad, aunque, humildemente, contaba con varias virtudes y otros privilegios envidiables. Un día, tuve un momento de lucidez y me di cuenta de que ciertas mujeres que hacían ese tipo de comentarios, en realidad, me tenían envidia. Al resaltar sutilmente un aspecto en el que yo tenía dificultades y ellas eran exitosas, intentaban estar en igualdad de condiciones. Mi intento por comprender su comportamiento, así como mi propia reacción, hizo que dejara de ofenderme y comenzara a tener compasión por sus sentimientos de inferioridad. Creo que, en algunos casos, sus acciones pueden haber brotado del inconsciente. Hace mucho, sostengo que la mayoría de las personas que nos ofenden no lo hace adrede.

¿Qué hay de ti? Si te disgusta algún aspecto físico de tu persona, ¿acaso le restas importancia a tu maravilloso intelecto? ¿Te genera inseguridad tu baja estatura? ¿Qué hay de tu personalidad agradable? ¿Te acompleja no haber podido graduarte de la universidad? ¡La mayoría de los millonarios tampoco se graduó! Deja de devaluar tu contribución al mundo a causa de un aspecto de tu vida sobre el cual has decidido seguir siendo susceptible. En cambio, ¿por qué no te pones en campaña para que ya no te afecte? Intenta comprender el comportamiento de las personas que te ofenden.

Ahora bien, déjame advertirte brevemente que de ninguna manera te estoy sugiriendo que ante cada ofensa te calles en pro de la paz. Esto no sería bíblico (ver Mt. 18:15 y Lc. 17:3), y no sería saludable emocionalmente ocultar tu enojo. Hay cosas legítimas que los demás pueden decir o hacer, que de hecho son ofensivas. Estas son algunas estrategias para manejar esas situaciones:

- Define qué comportamientos generales pueden calificarse como ofensivos. En mi caso, me siento ofendida cuando alguien ataca mis creencias y valores fundamentales (por ejemplo, las películas o los espectáculos de televisión que denigran los principios bíblicos) o cuando violan mis derechos (la discriminación basada en la raza o el sexo). En otros aspectos, siempre respeto el derecho de todos a tener su propia perspectiva sobre un asunto.

- Confronta a la persona por el comportamiento no deseado de acuerdo con el patrón establecido por Jesús. "Si tu hermano peca contra ti, ve a solas con él y hazle ver su falta. Si te hace caso, has ganado a tu hermano" (Mt. 18:15). Yo uso ese modelo cuando confronto a cristianos y no cristianos.

- Si alguien hace un comentario en un contexto general, no lo tomes como algo personal ni supongas que estaba dirigido a ti. No podemos pretender que las personas conozcan nuestra historia personal y todas nuestras áreas sensibles. Usa el incidente como una experiencia de aprendizaje. Además, considera si el comentario es un recordatorio de que necesitas cambiar algo de tu vida.

- En una relación frecuente (con un cónyuge, amigo, jefe), es fundamental que le digas de qué manera te afectaron sus comentarios o acciones. No es justo echar chispas, irritarse, quedarse callado o pretender que los demás disciernan por qué estás enojado. Sencillamente di: "Cuando dijiste (o hiciste) tal o cual cosa, sentí esto o aquello. ¿Cuál fue tu intención al decir (o hacer) eso? Necesito que dejes de hacerlo". Mantén un tono cordial y no acusatorio. En mi libro *Confrontar sin ofender*, ofrezco una guía paso a paso sobre cómo realizar una confrontación eficaz con los que nos ofenden. Léela para dotarte de esta herramienta de comunicación, a menudo temida pero necesaria.[8]

- No permitas que el temor a la reacción del ofensor te lleve a dilatar la confrontación sobre sus palabras y comportamientos hirientes. Cuanto más tiempo pase entre la ofensa y la confrontación, más probable es que hagas suposiciones erróneas sobre los motivos de la persona. Una confrontación eficaz se hace en oración, con prontitud, con determinación, en persona, en privado y en paz.[9]

- Pide a Dios que te dé la gracia de perdonar al ofensor. Recuerda que *todos* ofendemos a los demás (Stg. 3:2).

Declaración de fe

La sabiduría me dice cuándo pasar por alto una ofensa (Pr. 19:11) y cuándo confrontarla. De cualquiera de las dos maneras, Dios se glorifica en mi respuesta.

Día 25

Agraviado

*No devuelvan mal por mal ni insulto por insulto;
más bien, bendigan, porque para esto fueron
llamados, para heredar una bendición.*

1 Pedro 3:9

El joven David fue al campo de batalla a llevar comida a sus hermanos, que estaban alistados en el ejército del rey Saúl, en medio de una batalla contra los filisteos. Cuando escuchó que Goliat, el gigante filisteo, lanzaba una de sus diatribas intimidatorias contra las tropas de Israel, sencillamente, preguntó cuál sería la recompensa para la persona que le matara.

Eliab, el hermano mayor de David, lo oyó hablar con los hombres y se puso furioso con él. Le reclamó:

—¿Qué has venido a hacer aquí? ¿Con quién has dejado esas pocas ovejas en el desierto? Yo te conozco. Eres un atrevido y mal intencionado. ¡Seguro que has venido para ver la batalla! (1 S. 17:28).

¡Qué agravio! Pero la respuesta de David fue excelente.

—¿Y ahora qué hice? —protestó David—. *¡Si apenas he abierto la boca!*

Apartándose de su hermano, les preguntó a otros,
quienes le dijeron lo mismo (vv. 29-30).

En otras palabras, David ignoró a Eliab sin decir que lo estaba ignorando.

Confieso que responder con gracia a un agravio solía ser un gran reto para mí, una autodenominada "reina de la réplica". Hasta que realmente comprendí cuán pecaminoso era tomar represalias, solía devolver una punzada verbal con otra, incluso más potente —cargada de un sarcasmo meloso—, todo en el nombre de Jesús. Habiendo visto a mi ahora difunta madre experimentar los peligros de ser una persona pasiva, cuando era soltera decidí que cualquiera que me insultara sufriría las consecuencias, especialmente en mi matrimonio. Doy gracias a Dios por el Espíritu Santo, los buenos mentores espirituales y un esposo amoroso que no me ha puesto a prueba.

A propósito del matrimonio, este es uno de los principales escenarios donde existen las ofensas. La frecuencia de los agravios entre cónyuges es un indicador importante de cuánto durará un matrimonio, según los psicólogos Cliff Notarius de la Universidad Católica y Howard Markman de la Universidad de Denver.

Al investigar a recién casados en su primera década matrimonial, descubrieron una diferencia muy sutil, pero reveladora, al comienzo de las relaciones. Entre las parejas que al final permanecerían juntas, 5 de cada 100 comentarios que uno hacía sobre el otro eran agravios. Entre las parejas que después se separarían, 10 de cada 100 comentarios eran agravios. Esa brecha aumentó en la siguiente década, hasta que las parejas que estaban a punto de separarse se dirigían cinco veces más comentarios crueles y despreciativos que las parejas felices. "Los agravios hostiles actúan como células cancerosas que, si no se controlan, con el tiempo deterioran la relación —dice Notarius—… Al final, la negatividad continua e implacable toma el control, y la pareja no puede pasar una semana sin graves encontronazos".[10]

Ya sea en el trato con tu cónyuge, familiar, amigo o compañero de trabajo, pon a prueba estos consejos cuando te agravien:

- Evalúa si un comentario es realmente un agravio y no una cuestión de sensibilidad debido a que te sientes inferior en cierta área. Por ejemplo, si estás acomplejado con tu peso o tu altura, probablemente, consideres que cualquier comentario que tenga que ver con esos aspectos es un ataque personal o un agravio.

- Mira más allá del agravio y presta atención al dolor, la inseguridad, la envidia, la infelicidad u otra motivación de la persona. Sus comentarios te darán indicios sobre su problema. Fíjate que las personas emocionalmente sanas no insultan a los demás.

- No respondas a un insulto de la misma manera. Resístete a la satisfacción momentánea del contraataque. "No empleen un lenguaje grosero ni ofensivo. Que todo lo que digan sea bueno y útil, a fin de que sus palabras resulten de estímulo para quienes las oigan" (Ef. 4:29, NTV).

- Piensa algunas respuestas automáticas a los agravios y practica cómo decirlas con calma. "Gracias por tu aporte". "Mmm, voy a evaluar tus comentarios para ver si hay algo de verdad". "Por favor, explícamelo con más detalle para que pueda comprender bien lo que dices".

- Considera cualquier agravio tan solo como la opinión de otra persona, no como la última palabra sobre lo que vales. Las personas suelen enojarse cuando los demás hacen que se sientan inferiores. La primera dama Eleanor Roosevelt dijo: "Nadie puede hacerte sentir inferior sin tu consentimiento".

- Haz saber a los demás cuando te sientes agraviado. Esta no es una acusación de que sus motivos fueron impuros, sino la base de una confrontación eficaz pensada para hablar del asunto. En un matrimonio, es indispensable tener una confrontación en amor. Di a tu cónyuge: "Me gustaría que volviera a surgir esa persona maravillosa, alentadora y comprensiva que eras cuando nos casamos. Sé que está escondida en algún lugar debajo de los agravios. ¿Qué puedo hacer para convencerla de salir de su escondite?". Claro que si los insultos continúan, entonces necesitarás adoptar una postura más firme con consecuencias explícitas. "Cuando me insultes, no me quedaré en el mismo cuarto a escucharte. Si los insultos continúan, los niños y yo nos iremos algunos días para darte tiempo de reconsiderar tu comportamiento". Solo haz las amenazas que tengas el valor de implementar, o no te tomarán en serio.

Declaración de fe

Soy un buen comunicador que tiene bien claro su propio valor. Por lo tanto, no tomaré represalias ni me resignaré (no lo aceptaré como un hecho de la vida) ante los agravios. En cambio, confrontaré con amor al que me ofende y le pediré que cambie su comportamiento.

Día 26

Abrumado

Desde los extremos de la tierra,
clamo a ti por ayuda
cuando mi corazón está abrumado.
Guíame a la imponente roca de seguridad.

SALMOS 61:2, NTV

En marzo de 2012, mi esposo Darnell recibió el diagnóstico de una enfermedad que ponía su vida en peligro. Mientras esperaba que el médico programara su cirugía, su hermano Mike falleció de manera inesperada. Este era el tercer hermano que Darnell había perdido en un período de dieciséis meses. La familia se reunió en el hospital para darse apoyo mutuo y asimilar la noticia.

De camino a la morgue del hospital esa triste mañana de lunes, Darnell recibió un llamado de su empleado clave, quien le avisaba que había aceptado otra oferta de trabajo y que dejaría su puesto ese fin de semana. No pudo haber habido peor momento. Eso significaba que Darnell tendría que trabajar muchas horas el resto de la semana para ponerse al día con los proyectos pendientes del empleado. Además, ya estaba haciendo horas extra, porque se estaba preparando para una licencia médica de seis semanas, que comenzaba la semana siguiente. Tendría poco tiempo para hacer el duelo o apoyar a los otros miembros de la familia, y eso era un gran problema, pues él es la persona espiritual a quien acude su familia.

Darnell ingresó en el hospital el viernes 18 de mayo, dos días después del funeral de Mike. La cirugía salió bien, y nos alegramos de la noticia. Mientras tanto, yo hacía malabarismos para cumplir el plazo de una publicación, acompañar a mi madre anciana al médico y dar mis conferencias programadas. Darnell recibió el alta al día siguiente, y yo me preparé para ser su enfermera.

El lunes por la noche, recibí una llamada urgente en la que me avisaban que habían llevado de urgencia al hospital a mi madre de ochenta y dos años. Después de hacerle un examen completo, le dieron el alta. Insistí en que se quedara en mi casa un par de días para que pudiera observarla más de cerca. Ahora tenía dos pacientes que atender. Aunque era un privilegio servir a los dos, no dejaba de ser una empresa difícil.

El miércoles, cuando ayudaba a mamá a bajar las escaleras para desayunar, se desplomó. Aunque los paramédicos vinieron en cuestión de minutos, falleció de camino al hospital. De repente, me encontré en el trance de planear su funeral y las interminables tareas que deben hacerse (desde elegir un ataúd y la ropa, coordinar la visita de familiares e invitados que vienen de lejos, organizar la comida, hasta atender innumerables llamadas de condolencia) al mismo tiempo que seguía pendiente del cuidado y bienestar de Darnell.

Cuando lo llevé a la visita de control posterior a la operación, el día antes del funeral de mamá, el doctor nos avisó que existía la posibilidad de que la cirugía no hubiera sido tan exitosa como nos habían dicho y que su condición se hubiera agravado. Darnell debía someterse a otro examen. Pasaron dos meses hasta que nos dijeron que no había rastros de la enfermedad. ¡Gloria a Dios!

A esas alturas, me encontraba luchando contra la irritabilidad y la impaciencia que pueden aparecer cuando enfrentas una adversidad tras otra. Descargarte con los demás puede resultar fácil si te permites pensar todo el tiempo lo abrumado que te sientes. Yo no sucumbí a eso. Por la gracia de Dios, no perdí la paz en medio de mis difíciles circunstancias. Estas son las estrategias que recomiendo:

- Hazte el propósito de adorar a Dios a lo largo de todo el día. Canta canciones de alabanza. Exáltalo como Aquel que gobierna sobre todas las circunstancias de tu vida. Esto coloca los problemas en perspectiva, la perspectiva divina.

- Deja todo y piensa en un plan. Pregúntale a Dios: *¿Qué debo hacer ahora?* Luego haz una lista de tareas por orden de prioridades, que te ayuden a seguir adelante.

- Dale prioridad al cuidado de ti mismo. Desconecta tus teléfonos y duerme un poco. Además, sal y haz ejercicio (aunque sea durante cinco o diez minutos). Es excelente para combatir el estrés.

- Pide ayuda y delega algunas tareas a personas calificadas. Presta atención si no están calificados, esto solo te servirá para aumentar tu nivel de estrés. Dichosamente, tengo muchas amistades talentosas, que habían pasado por circunstancias similares y sabían exactamente qué hacer. Estoy muy agradecida por ellas. Pide oración a todo aquel que se interese por ti.

- Evalúa si no tienes demasiadas obligaciones que cumplir. Considera en oración la idea de renunciar a tu trabajo o tomarte una licencia. Puede que el enojo esté acechando a tu puerta, porque te sientes frustrado contigo mismo por no tener el valor de decir que no a las diversas demandas de tu tiempo y energía.

- Comprende que cuando te sientes abrumado, es porque crees erróneamente que debes resolver todos tus problemas *por ti mismo*, en *tus* fuerzas y solo con *tus* recursos limitados. Sin embargo, cuando desarrollas el hábito de entregarle todo lo que te preocupa a Dios, la ansiedad y la frustración se tienen que ir. Durante las pruebas, me gusta leer 2 Crónicas 20:1-30 y recordar que la batalla no es mía, sino del Señor.

- Resiste la tentación de decir todo el tiempo que te sientes abrumado. Esas palabras sabotean tu paz y te quitan la fe. A cada momento de aquella dura experiencia, no dejaba de decir: "La gracia de Dios me sostiene. El Espíritu me está dando una paz que sobrepasa mi entendimiento". Todavía me maravillo de cómo Dios puso su mano sobre mi corazón y me guardó de sufrir por la muerte de mi madre. (Debo mencionar que durante los últimos diez años de su vida había padecido de demencia senil, y yo ya había hecho el duelo por la pérdida de la madre que conocí. Me gozo de saber que ahora está en un lugar mejor).

- Medita en pasajes bíblicos que aumenten la fe. Estos son solo algunos para empezar:

  "…No estén tristes, pues el gozo del Señor es nuestra fortaleza" (Neh. 8:10).

  "Vengan a mí todos ustedes que están cansados y agobiados, y yo les daré descanso. Carguen con mi yugo y aprendan de mí, pues yo soy apacible y humilde de corazón, y encontrarán descanso para su alma. Porque mi yugo es suave y mi carga es liviana" (Mt. 11:28-30).

Declaración de fe

Deposito toda mi ansiedad en el Señor, porque Él cuida de mí. Lo reconozco en todos mis caminos, y Él dirige mis pasos.

Parte 4

Los desencadenantes no emocionales del enojo

Día 27

Dolor físico

*Dios nos susurra en nuestro placer, nos
habla a nuestra conciencia, pero nos
grita en nuestro dolor; este es su megáfono
para despertar a un mundo sordo.*

C. S. LEWIS

¿Alguna vez te tropezaste con el dedo gordo del pie, te mordiste la lengua, te diste un golpe en el ojo o sin querer te causaste algún otro tipo de dolor? ¿Acaso te salió exclamar inmediatamente: "¡Gloria a Dios!" o alguna otra expresión que suene piadosa? ¡Es muy probable que no! O tal vez sufras de alguna enfermedad que te provoca dolor crónico, como la artritis reumatoide o la ciática. De ser así, ¿no te pasa que el dolor te hace menos tolerante a los defectos, las molestias o las ofensas de los demás?

Según el terapeuta del enojo Steven Stosny, el enojo es una respuesta no solo al dolor emocional, sino también al dolor físico. "Esto se debe a que el enojo libera epinefrina, una sustancia cuyo efecto es de anestesiar el dolor y dar una recarga de energía. Por eso los atletas pueden jugar con huesos rotos, y los animales heridos son tan feroces".[11] Robert Emery, profesor de Psicología de la Universidad de Virginia, explica además: "El enojo bloquea el dolor en el aspecto fisiológico y del comportamiento. Piense en los soldados heridos que siguen combatiendo y solo se dan cuenta de que recibieron un balazo después de terminar la batalla. En experimentos de laboratorio, los animales toleran más dolor (choque eléctrico) si se les da la oportunidad de atacar a otro animal".[12]

Esto puede parecer confuso, pero lo que tenemos es un círculo vicioso: el dolor alimenta el enojo, y el enojo enmascara el dolor, lo cual impide la sanidad y perpetúa el dolor. Estudios realizados han mostrado que las personas con problemas de enojo tienen menos probabilidades de sanar, que las personas que están mejor equilibradas emocionalmente y pueden manejar bien su enojo. La relación entre el estrés emocional y la lentitud en la capacidad de sanar está bien documentada. Estudios recientes muestran que las personas con problemas de enojo tienen en su organismo más cortisol, una hormona del estrés; razón por la cual podrían no sanar tan rápidamente.[13]

Si bien los profesionales de la salud, generalmente, pueden coincidir en que tenemos la predisposición innata de responder al dolor con enojo, esto no significa que debamos sucumbir a este tipo de teorías mundanas y excusar nuestro comportamiento impío como algo "natural". ¿Qué hay de la *mansedumbre*, ese fruto del Espíritu (Gá. 5:23, RVR-60) que nos hace responder amablemente a pesar de nuestro dolor físico o emocional? ¿No debería ser este nuestro objetivo? ¡Claro que sí! Es así como lo podemos lograr:

- Procura conocerte a ti mismo. Fíjate que cuando estás experimentando dolor, eres más susceptible a las expresiones de enojo. Sé sincero contigo mismo sobre lo que alimenta tu motivación cuando te sientes tentado a responder con enojo.

- Busca un tratamiento para tu dolor. Muchos de nosotros toleramos un dolor molesto durante años sin buscar el remedio. Yo he soportado por muchos años una leve tendinitis del manguito rotador y ahora no puedo levantar peso ni extender el brazo izquierdo sobre mi cabeza durante mucho tiempo. Por consiguiente, me molesta cuando la instructora de gimnasia acuática nos da instrucciones para que hagamos una serie de ejercicios con los brazos levantados, que parecen interminables. Sinceramente, mi desidia en este aspecto me ha restado calidad de vida. Una cirugía ambulatoria corregiría el problema, pero después de someterme a siete cirugías en mi vida y con mi agenda ocupada, he decidido que no es momento de pasar el tiempo de inactividad que sería necesario, en especial porque solo sufro dolor cuando levanto algo por encima de mi cabeza.

- Prueba tratamientos alternativos para aliviar el dolor, tales como la acupuntura o los masajes especiales.

- Procura descansar bien. La tensión muscular proveniente del estrés, y la falta de descanso solo aumentará tu dolor.

- No te descargues con los demás. El enojo, con frecuencia, es una manera de pasar nuestro dolor emocional y físico a los demás. Pero ¿es realmente justo o sabio hacer que otros paguen por nuestra difícil condición? A pesar del sufrimiento emocional y físico de Job, las Escrituras no registran un ejemplo de que haya respondido con enojo. Su frustración y su perplejidad eran evidentes, pero nunca permitió que el enojo prevaleciera. A medida que el ser humano envejece, muchos sufrirán diversas enfermedades dolorosas. Determina ahora que, por la gracia de Dios, harás todos los esfuerzos por no convertirte en una mujer (o un hombre) de mal genio.

• Únete a un grupo de apoyo para el dolor y descubre cómo otras personas se sobreponen. Esto te ayudará a evitar que tus interacciones diarias se conviertan en sesiones de quejas sobre lo horrible de tu situación, lo cual finalmente hará que los demás quieran evitarte.

Declaración de fe

Al menos me queda este consuelo: "esta alegría en medio de mi implacable dolor: ¡el no haber negado las palabras del Dios Santo!" (Job 6:10).

Día 28

El factor alimentario

Vayan y festejen con un banquete de deliciosos
alimentos y bebidas dulces, y regalen porciones
de comida a los que no tienen nada preparado.
Este es un día sagrado delante de nuestro Señor.

NEHEMÍAS 8:10, NTV

La exhortación de Nehemías a los israelitas parecía una licencia para comer todo lo que quisieran. En efecto era así, porque ese era un día de regocijo en el que los exiliados que habían vuelto a su tierra escucharon y comprendieron las leyes de Dios. Sí, al igual que los israelitas, podemos permitirnos consumir alimentos deliciosos y bebidas dulces durante momentos especiales de celebración; pero si los convertimos en parte de nuestro régimen diario, ¡cuidado! Podría asomarse el enojo en el horizonte.

Hace tiempo, las investigaciones documentaron la relación que existe entre los alimentos y el estado de ánimo. Según Jack Challem, autor de *The Food-Mood Solution* [La comida como solución a los estados de ánimo], "la comida no es solo algo que nos llena el estómago. Tiene una gran actividad a nivel biológico y químico, y nos afecta… Nuestro cuerpo necesita vitaminas, proteínas y otros nutrientes para fabricar las sustancias químicas del cerebro que nos ayudan a pensar con claridad, mantener un buen estado de ánimo y actuar de una manera socialmente aceptable".[14]

La siguiente es una lista de alimentos y bebidas que convienen limitar o evitar, ya que se han relacionado con la agresividad:

El azúcar. ¿Alguna vez has cedido a la tentación de devorarte un par de bizcochos, galletas o algún otro pastelito solo para sentirte nervioso a los pocos minutos? Este tipo de carbohidratos *simples* (los que se hacen con azúcar refinada y harina blanca en comparación con los carbohidratos *complejos*, como las frutas y verduras) nos levantan el ánimo rápidamente mediante la activación de la serotonina, la sustancia química del cerebro que produce sensación de "bienestar" y regula el estado de ánimo.

Confieso que he usado las galletas Oreo como un alivio rápido en muchas situaciones frustrantes. Este tipo de dulces disparan la glucosa en sangre (excelente para un diabético en peligro por falta de insulina); sin embargo, del mismo modo caen súbitamente. Esta baja repentina nos pone de mal humor y nos hace propensos al enojo o las agresiones.

Una mejor alternativa es comer un trozo de queso bajo en grasas, proteínas magras, como el pavo, o una fruta. Los resultados no serán tan inmediatos, pero las consecuencias serán menos drásticas. Debemos prestar atención a la sabiduría del rey Salomón: "No hace bien comer mucha miel" (Pr. 25:27). Demasiada azúcar puede llevarnos a tomar decisiones torpes.

El trigo y la leche. Algunas personas tienen una

reacción alérgica al trigo y a la caseína (una proteína) de los lácteos. El resultado es a menudo la inflamación del cerebro, lo que puede ocasionar agresividad.

El MSG (glutamato monosódico) y los endulzantes artificiales. Sus ingredientes pueden exacerbar las reacciones, incluidos los sentimientos de agresividad.

La cafeína. Si bien la cafeína mejora la lucidez a corto plazo, el bajón que le sigue puede volvernos irritables.

El alcohol. El alcohol debilita las funciones del cerebro, que normalmente refrenan los comportamientos impulsivos, como la agresión excesiva.[15]

Las grasas trans. Estas son un tipo de grasas saturadas (sólidas a temperatura ambiente), que se encuentran principalmente en las comidas procesadas y la margarina. Las grasas trans en realidad son aceite líquido (grasas no saturadas) convertido en grasa sólida mediante un proceso químico llamado hidrogenación. Esta grasa extiende la vida útil de almacenaje en tortas, galletas, frituras y otras comidas chatarra.

Según la Facultad de Salud Pública de Harvard, en los Estados Unidos, al menos treinta mil personas mueren por año prematuramente por enfermedad coronaria como resultado de comer grasas trans. Por eso, desde 2006, los fabricantes de alimentos de los Estados Unidos deben especificar el contenido de grasas trans en las etiquetas de los alimentos. Además de causar estragos en nuestro sistema cardiovascular, el consumo de grasas trans se asocia a la irritabilidad y la agresividad. Eso afirman Beatrice Golomb, profesora asociada en la Universidad de California, Facultad de Medicina de San Diego, y sus colegas. Recomiendan que evitemos comer grasas trans y no las incluyamos en alimentos que se dan en las escuelas y las prisiones.[16]

No solo existen ciertos alimentos que pueden afectar nuestro estado de ánimo, sino también la falta de comida en general puede tener un efecto perjudicial sobre nuestras emociones. ¿Alguna vez te sentías irritable y de repente te diste cuenta de que era porque tenías hambre? Yo detesto hacer dieta, especialmente cuando, desesperada por obtener resultados rápidos, tomo la decisión imprudente de hacer un régimen alto en proteínas y sin carbohidratos. Me pone de muy mal humor. Si eres una persona que vive a dieta, entonces conoces la agonía de los primeros días de abstinencia de carbohidratos. En vez de perder peso, es más probable que pierdas amigos mientras tu irritabilidad amenaza con hacerte perder la paciencia.

De acuerdo con los investigadores de la Universidad de Cambridge, cuando el cuerpo comienza a sentir hambre, los niveles de serotonina caen en picada, lo que causa un torbellino de emociones incontrolables, como ansiedad, estrés y enojo. La fluctuación de la serotonina nos hace propensos a la agresividad.[17]

En 1 Samuel 25, leemos la historia de Nabal, un hombre rico y borracho, que se negó a darles comida a David y a sus hombres a pesar de que ellos habían sido amables con él y sus siervos. De no haber sido por la sabiduría y la generosidad de la esposa de Nabal, Abigail, que preparó un banquete justo a último momento, David habría masacrado a toda la casa de Nabal. ¿Acaso podría ser que el hambre hubiera puesto tan iracundo a David que se volvió irracional? Los centros de rehabilitación de drogadictos y alcohólicos suelen advertir sobre los peligros de estar demasiado hambriento, enojado, solo o cansado.

Aunque ciertas comidas y el hambre extrema pueden desencadenar el enojo, podemos tomar medidas preventivas, para no caer en esta trampa, y comer varias comidas ligeras a lo largo del día que consistan en proteínas, vegetales y granos integrales. Esto nos garantizará un nivel estable de azúcar en sangre. Asegúrate de incluir algunos de los siguientes alimentos buenos para combatir la agresividad: almendras, cacahuate, nueces, semillas de girasol, soja, pavo no procesado, lentejas, zanahorias, avena, brócoli y aguacate. También sería conveniente tener a mano algún tipo de refrigerio rico en proteínas (barras de cereal, cóctel de frutos secos, nueces), ya sea en tu auto, cartera o algún otro lugar para que siempre cuentes con alternativas saludables cuando no estás en casa.

Los suplementos nutricionales también son importantes para combatir la agresividad. En un estudio publicado en la revista *Aggressive Behavior* [Comportamiento agresivo], los investigadores descubrieron que dar a los prisioneros ácidos grasos omega 3 y omega 6 junto con vitaminas y minerales disminuía la agresividad en más de un tercio; medición que se basa en la cantidad de incidentes violentos que ocurrieron en la cárcel.[18] Sin duda, estos suplementos vitamínicos son una apuesta segura para el público en general. Solo recuerda que debes conocerte a ti mismo en lo que se refiere al hambre, evitar las comidas que ocasionan agresividad y orar para que Dios te dé sabiduría en cada elección de tus alimentos.

Declaración de fe

Honro a mi cuerpo como templo del Espíritu
Santo; por lo tanto, consumo principalmente alimentos y bebidas que son sanos y me dan energía
para realizar mis tareas.

Día 29

Desequilibrios químicos

*Al de carácter firme lo guardarás en
perfecta paz, porque en ti confía.*
Isaías 26:3

En un momento, un pariente mío y yo estábamos conversando normalmente acerca de una cuestión familiar, y al momento siguiente se puso tan furioso conmigo, que temí por mi vida. Se le ensancharon las fosas nasales, y se le pusieron los ojos vidriosos. Había sido testigo de un par de arrebatos de ira contra otros miembros de la familia en el pasado; sin embargo, por perturbadores que fueran, no me habían preparado para un ataque directo. Cuando terminó con sus diatribas, salió de la casa hecho una furia. Pude escuchar cómo golpeaba mi auto con su puño.

Más tarde, aquella noche, regresó con una de nuestras familiares femeninas más sensatas. Estaba llorando y manifestaba un enorme remordimiento. Yo estaba convencida de que él tenía un desequilibrio químico en el cerebro. ¿Qué otra cosa podía explicar que una persona fuera emocionalmente de cero a cien y luego volviera a cero con tanta rapidez? Debería mencionar también que él consumía drogas.

El desequilibrio químico en el cerebro y su asociación

con la ira y la violencia es un tema controversial. Algunos creen que las empresas farmacéuticas promueven en exceso esta premisa para mantener su mercado multibillonario de medicamentos para el tratamiento de los desequilibrios químicos. Algunas de las drogas más populares, actualmente, incluyen el escitalopram, (Lexapro en los Estados Unidos), el diazepam (Valium), la sertralina (Zoloft), la fluoxetina (Prozac), el topiramato (Topamax), el bupropión (Wellbutrin-XL), el aripiprazol (Abilify), la risperidona (Risperdal) y la olanzapina (Zyprexa). No existen pruebas científicas de que algunas de estas drogas *curen* tales desequilibrios. Un psiquiatra explicó que los medicamentos son necesarios, inicialmente, para llevar a la persona hasta un punto en el que pueda pensar con suficiente lucidez los cambios de comportamiento que debe hacer.

A continuación, presento algunos conceptos básicos de este tema muy complejo con referencia al enojo.

El cerebro es un órgano, el centro de nuestro sistema nervioso. Produce sustancias químicas llamadas neurotransmisoras, que llevan mensajes desde el sistema nervioso central hasta las demás células del cuerpo. Debido a estrés, envejecimiento, cuestiones genéticas, falta de perdón y una serie de otros factores, estas sustancias químicas pueden estar en desequilibrio y hacer que el cerebro no funcione bien. Las siguientes cuatro sustancias químicas principales del cerebro deben estar equilibradas para garantizar un bienestar mental:

- La *serotonina* tiene un papel fundamental en la determinación del estado de ánimo. Los niveles bajos de esta se han asociado a la agresividad y a un control deficiente de los impulsos, un factor importante que contribuye a la violencia. Entre los síntomas de desequilibrio se incluyen depresión, manía, bajo nivel de energía, insomnio y poca tolerancia al dolor. En el capítulo anterior, di a conocer los alimentos que son amigos y enemigos de los niveles de serotonina.

- El *GABA (ácido gamma-aminobutírico)* ayuda al cerebro a regular el ritmo interno del cuerpo y a manejar el estrés con mejor concentración mental. Los niveles adecuados de GABA nos ayudan a evitar el trastorno bipolar y los altibajos emocionales que este trae aparejados. La ansiedad, la falta de atención, la sensación de pánico, el nerviosismo y la poca tolerancia al estrés pueden indicar un desequilibrio de este químico.

- La *norepinefrina* ayuda a regular el estado de ánimo y la excitación sexual. Además es una sustancia química importante en nuestra respuesta de "lucha o huida" cuando percibimos una amenaza a nuestro bienestar. La falta de atención, concentración y motivación son algunos de los indicadores de que existe un desequilibrio de esta sustancia química.

- La *dopamina* controla los centros de placer y recompensa del cerebro y ayuda a regular el movimiento y las respuestas emocionales. Un desequilibrio de este químico hace que una persona tenga más pretensiones de superioridad moral, tendencia a juzgar a los demás, sensibilidad a las críticas, enojo y manipulación. En casos graves, la persona puede volverse más paranoica y presuntuosa, y tener delirios u oír voces negativas.[19] Otros síntomas incluyen una baja libido, sueño excesivo, incapacidad de aumentar o de bajar de peso y muchos otros.[20]

Algunos cristianos creen que el desequilibrio químico es resultado de la opresión demoníaca. Otros tienen una postura menos severa. Paul Meier, un conocido psiquiatra cristiano, explica lo siguiente:

La mayoría de las personas puede corregir los desequilibrios de estas cuatro sustancias químicas vitales mediante el perdón, la confesión de las ofensas unos a otros (Stg. 5:16) y la obediencia a los conceptos bíblicos que impliquen "unos a otros". Pero para no ser demasiado simplista, hay que aclarar que algunas personas tienen problemas médicos, como el hipotiroidismo, que las llevarán a estar deprimidas hagan lo que hagan espiritualmente hasta que tomen la dosis correcta de medicamentos para corregir dicho desequilibrio químico. Alrededor del 50% de la población estadounidense ha heredado una predisposición genética de padecer depresión, perfeccionismo, esquizofrenia o trastorno bipolar. Algunas de estas personas NUNCA pueden llegar a la total normalidad a menos que tomen medicamentos correctivos de por vida, los cuales dan muy buenos resultados. Por lo tanto, si usted forma parte del grupo con problemas de origen genético, que le producen depresión, manía, psicosis o TDAH [trastorno por déficit de atención con hiperactividad], además de lo que haga espiritualmente, tome los medicamentos correctos, así como tomaría insulina si fuera diabético.[21]

Resolver la controversia sobre la validez de un desequilibrio químico va más allá del alcance de este capítulo. Mi meta es concientizarte sobre los diversos factores que pueden ser los causantes de la ira descontrolada en tu vida.

Si sospechas que puedes estar padeciendo un desequilibrio químico, no hagas un autodiagnóstico. Busca cuanto antes (por medio de referencias o investigaciones) un psiquiatra cristiano de buena reputación. Además, quizás te resulte apropiado considerar la relativamente nueva ciencia de la medicina ortomolecular (http://ortomolecularmedicina.com), que se propone corregir el desequilibrio químico con aminoácidos, vitaminas y minerales que se encuentran de manera natural en el cuerpo. Un médico naturista también puede recomendarte suplementos naturales.

Podría ser necesario hacer algunos cambios generales de comportamiento, como limitar el consumo de cafeína, recibir sesiones de masajes regulares para disminuir el nivel de estrés, confrontar las ofensas de manera oportuna en vez de ponerte nervioso y enojarte, y echar fuera los pensamientos angustiantes que te hacen ser constantemente negativo.

Finalmente, reconoce que Dios es sanador y que

ningún trastorno o desequilibrio está fuera de su capacidad de sanar, sino que se hará contigo conforme a tu fe (Mt. 9:29).

Declaración de fe

"¡Ah, Señor mi Dios! Tú, con tu gran fuerza y tu brazo poderoso, has hecho los cielos y la tierra. Para ti no hay nada imposible" (Jer. 32:17).

Día 30

Desencadenantes
ambientales

*Que el Señor de paz les conceda su paz
siempre y en todas las circunstancias.*

2 Tesalonicenses 3:16

A veces nuestro enojo o mal humor no es resultado de nuestras especulaciones internas, sino de condiciones o incidentes específicos de nuestro medioambiente. Examinemos algunos de los aspectos que corroboran este hecho.

El calor extremo. Hace poco, hice un viaje rápido al hospital de Riverside, California, para visitar a un familiar, que acababa de sobrevivir a una operación quirúrgica de emergencia muy delicada. ¡La temperatura afuera era de 42 °C! Mientras salía del hospital en una loca carrera por regresar a Los Ángeles (a casi cien kilómetros de distancia) para acompañar a otro familiar a una importante visita al médico, la luz de advertencia del tablero de mi auto me indicó que tenía poca gasolina.

¡Oh no! —pensé—. *Tendré que cargar gasolina con este calor. ¡Uf!*

Finalmente, encontré una estación de servicio y me preparé para enfrentar aquella temperatura. Para mi horror, el surtidor no funcionó cuando intenté usar mi tarjeta de débito. Un mensaje en la pantalla del surtidor me avisó que tenía que pagarle "al cajero dentro del local". *Más tiempo con este calor.* El cajero me dijo que tenía que volver afuera y colocar correctamente la boquilla del surtidor en la unidad antes de poder procesar mi tarjeta. *Aún más tiempo con este calor.* No estaba precisamente contenta. Dado que sé que el calor extremo es uno de mis "desencadenantes de enojo", compré solo medio tanque de gasolina para evitar exponerme más tiempo a esa temperatura agobiante.

Dichosamente, me había preparado para el calor antes de salir de casa y había llevado bastante hielo en un recipiente térmico y un par de botellas de agua. Siempre trato de recordar la advertencia del rey Salomón: "El prudente ve el peligro y lo evita; el inexperto sigue adelante y sufre las consecuencias" (Pr. 22:3). Yo sabía que estaría en peligro de algunas actitudes y respuestas negativas si no tomaba medidas preventivas.

¿Qué hay de ti? ¿Tiendes a ponerte de mal humor con el aumento de la temperatura? Muchos investigadores creen que esto podría suceder porque dormimos mal, nos deshidratamos y estamos restringidos en nuestras actividades cotidianas a causa del calor extremo. Además, nuestra falta de control sobre la situación puede llevarnos a estar aún más irritados. Por eso, la planificación es fundamental si no quieres perder la paz con el calor. A continuación hay algunas estrategias que me dieron buen resultado:

- Bebe bastante agua fría para remplazar los líquidos que se pierden por la transpiración.

- Conséguete un pequeño ventilador que funcione a pilas (de mano o de algún otro tipo) para llevar contigo si estás planeando alguna actividad al aire libre, como un *picnic*.

- Prepárate un rocío facial con la combinación de un poco de agua y alguna loción astringente (o una pizca de eucalipto, lavanda o algún otro aceite esencial) en un pulverizador. Rociarte con esta solución la parte de atrás del cuello y las muñecas durante todo el día te mantendrá fresco.

- Da gracias a Dios por tu salvación y recuerda que el infierno es real (Ap. 20:15), y muy caluroso. Tu incomodidad temporaria por el calor no es nada en comparación con las llamas eternas.

El desorden. El desorden es otro desencadenante ambiental, que puede frustrarte y robarte la paz, aunque no seas un maniático del orden. Tomemos mi vestidor como ejemplo. Aunque soy diligente en deshacerme de lo que no sirve, mantenerlo en orden es un reto constante. En momentos en que mi horario parece controlarme a mí, y no al revés, es bastante habitual que tarde una semana en desempacar después de un viaje. Mi valija permanece en el piso del vestidor, y literalmente, me tropiezo con ella varias veces hasta que decido ponerle fin a esa locura. Me siento muy realizada cuando me tomo los quince minutos necesarios para ordenar todo.

La distracción visual del desorden nos sobrecarga los sentidos y nos roba la tranquilidad. Además, nos recuerda nuestro fracaso o incapacidad (cuando el desorden no es nuestro) de controlar nuestro entorno. Un ambiente desordenado es a menudo síntoma de una mente desordenada e incluso una vida desordenada. Los resultados son la frustración y la baja productividad.

De hecho, hice una pausa en la escritura de este libro para organizar mi espacio de trabajo, porque estaba dando vueltas en un círculo vicioso de volver a consultar los mismos libros de referencia y repasar la misma información duplicada de notas escritas en distintos lugares. Además, todavía tengo montones de tarjetas de condolencia, que me mandaron por la reciente muerte de mi madre, que quiero leer. Me resisto a sacarlas de mi vista por temor a olvidarme de ellas. Además tengo copias de su obituario que sobraron, pero me parece que tirarlas es una falta de respeto a su memoria.

Hoy, sin embargo, encontré una respuesta a mi dilema en un texto que conozco hace mucho: la Biblia. El escritor de Eclesiastés dice que hay "un tiempo para guardar, y un tiempo para desechar" (Ec. 3:6). Este pasaje me habla muy claramente. A partir de hoy, volveré a emprender la guerra contra el desorden. Me haré una sola pregunta, ya sea que esté lidiando con las cosas de mi garaje, el maletero de mi auto, los distintos ambientes de mi casa o mi oficina: ¿Cuál es el *beneficio* práctico o emocional de guardar esto? Voy a progresar un poco cada semana.

Hoy comencé con un solo cajón; me sentí muy bien al tirar todos esos cosméticos viejos. Decidí que voy a volver a mi antigua política de tirar o donar algo cada vez que me compro un producto similar (ropa, zapatos, libros). ¿Quieres acompañarme en mi aventura?

Declaración de fe

El mismo Señor de paz me da su paz en todo momento y en toda situación.

Epílogo
Debes soltarlo

Espero que los capítulos anteriores te hayan ayudado a descubrir cómo ponerle freno al enojo mediante un análisis más detenido de tus momentos de disgusto, frustración o furia, y lo que estos realmente te indican. Es mi oración que adoptes mis sugerencias prácticas sobre cómo responder de manera productiva y pacífica cuando te sientes tentado a enojarte. Si ahora te has convencido de que está bien enojarse o experimentar enojo, pero no está bien pecar como resultado de ello, entonces puedo decir: "Misión cumplida".

Recuerda que el enojo es una emoción que Dios nos ha dado y que puede ser de gran ventaja cuando está bien canalizado. Puede producir resultados constructivos y puede ser un impulso para combatir la injusticia, despertar la conciencia, exponer las relaciones negativas y sin fruto, y mucho más. Nunca debe asociarse con la intemperancia de la violencia en tu vida.

Te aliento a que sueltes todos y cada uno de los sentimientos continuos de enojo. Esta es una directiva simple, pero no siempre fácil de poner en práctica. Comienza con la decisión de perdonar, el compromiso de soltar la ofensa. Como ha escrito Charles Stanley:

El perdón es el acto de dejar libre a una persona de una obligación hacia ti como resultado de un agravio cometido contra ti. Por ejemplo, una deuda se perdona cuando liberas a tu deudor de su obligación de devolverte lo que te debe. Por lo tanto, el perdón implica tres elementos: un daño, una deuda como resultado del daño y la cancelación de la deuda. Los tres elementos son esenciales para que tenga lugar el perdón.[22]

Te dejo con una cita del famoso psiquiatra austríaco y sobreviviente del holocausto, Viktor Frankl: "Entre el estímulo y la respuesta, hay un espacio de tiempo. En ese espacio de tiempo, se encuentra nuestro poder de elegir una respuesta. En nuestra respuesta yace nuestro crecimiento y nuestra libertad".

Te animo a que sigas siendo para el mundo un ejemplo de un hijo de Dios. Asume la responsabilidad de tus respuestas y dale a Dios total control para producir en ti el fruto del Espíritu que necesitas para caminar con libertad en tus emociones y relaciones.

Notas

1. "Paul Jennings Hill", en línea, http://www.clarkprosecutor.org/html/death/US/hill873.htm.

2. "How can you deal with your physical symptoms of anger more effectively?", en línea, http://gwired.gwu.edu/counsel/index.gw/Site_ID/5176/Page_ID/14129/.

3. Deborah Smith Pegues, *30 Days to Taming Your Fears* [*Controla tus temores en 30 días*] (Eugene, OR: Harvest House Publishers, 2011), p. 193. Publicado en español por Editorial Portavoz, 2012.

4. Ethan Kross et ál., "Social Rejection Shares Somatosensory Representations with Physical Pain", publicado en *PNAS (Proceedings of the National Academy of Sciences)*, 2011, en línea, http://www.pnas.org/cgi/content/short/1102693108.

5. Para ver la letra completa de la canción, visita en línea http://www.a-z-music-lyrics.com/song/?lyrics=I%20Still%20Have%20Joy&artist=Dorothy%20Norwood.

6. Daniel K. Hall-Flavin, "What Does the Term 'Clinical Depression' Mean?", en línea, http://www.mayoclinic.com/health/clinical-depression/AN01057.

7. Isa N. Engleberg y Dianna R. Wynn, *Working in Groups: Communication Principles and Strategies* (Old Tappan, NJ: Pearson Education, 2006), pp. 140-41.

8. Deborah Smith Pegues, *Confrontar sin ofender* (Grand Rapids: Editorial Portavoz, 2011).

9. Ibíd.

10. "Putdowns Destroy Marriages", *U.S. News and World Report*, 21 de febrero de 1994, 67, citado en línea, https://bible.org/illustration/putdowns-destroy -marriages.

11. Patience Mason, "Love Without Violence: Helping Parents Build the Powerful Self, a Workshop with Steven Stosny", *CompassionPower*, en línea, http://compassionpower.com/reviews.php.

12. Robert E. Emery, "Pain, Anger, and Hurting Back", *Psychology Today*, 23 de febrero de 2009, en línea, http://www.psychologytoday.com/blog/divorced-children/200902/pain-anger-and-hurting-back.

13. Bridget Webber, "How Anger Affects Your Wellbeing", *How to Relax*, en línea, http://howtorelax.me/featured-articles/how-anger-affects -your-wellbeing.

14. Citado en "Angry? It Might Be Something You Ate…", *The Menopause Gang*, http://www.themenopausegang.com/wp-content/uploads /2013/02/Newsletter-No.-46.pdf.

15. Ibíd.

16. "Trans Fat May Make You Irritable, So Get Angry", *EmaxHealth*, en línea, http://www.emaxhealth.com/1275/trans-fat-may-make-you -irritable-so-get-angry.

17. "Effects of Acute Tryptophan Depletion on Prefrontal-Amygdala Connectivity While Viewing Facial Signals of Aggression", Luca Passamonti, *Biological Psychiatry* 71, n.° 1 (enero de 2012), pp. 36-43.

18. Kristie Leong, "Reducing Aggression with Diet", *Health Mad*, http:// healthmad.com/health/reducing-aggression-with-diet/#ixzz22S0 KGNk9.

19. Paul Meier, "Brain Chemicals Linked to Physical and Emotional Health", en línea, http://www.meierclinics.com/xm_client/client_ documents/RadioHandouts/Brain_Chemicals_Linked_to_Phy_Emot _Health.pdf.

20. Eric R. Braverman, "Dopamine Deficiency, Related Symptoms and Conditions", en línea, http://www.hands2health.com/Dopamine.pdf.

21. Meier, "Brain Chemicals Linked to Physical and Emotional Health".

22. Charles Stanley, *The Gift of Forgiveness* [*La paz del perdón*] (Nashville, TN: Thomas Nelson Publishers, 1991), p. 16. Publicado en español por Grupo Nelson, 1992.

Apéndice

Pasajes bíblicos contra el enojo

En cambio, el fruto del Espíritu es amor, alegría, paz, paciencia, amabilidad, bondad, fidelidad, humildad y dominio propio. No hay ley que condene estas cosas. Los que son de Cristo Jesús han crucificado la naturaleza pecaminosa, con sus pasiones y deseos. Si el Espíritu nos da vida, andemos guiados por el Espíritu.

GÁLATAS 5:22-25

No te dejes llevar por el enojo que sólo abriga el corazón del necio.

ECLESIASTÉS 7:9

Refrena tu enojo, abandona la ira; no te irrites, pues esto conduce al mal.

SALMOS 37:8

El necio muestra en seguida su enojo, pero el prudente pasa por alto el insulto.

PROVERBIOS 12:16

El charlatán hiere con la lengua como con una espada, pero la lengua del sabio brinda alivio.

PROVERBIOS 12:18

La respuesta amable calma el enojo,
pero la agresiva echa leña al fuego.
PROVERBIOS 15:1

El que es iracundo provoca contiendas;
el que es paciente las apacigua.
PROVERBIOS 15:18

El que es entendido refrena sus palabras;
el que es prudente controla sus impulsos.
PROVERBIOS 17:27

Honroso es al hombre evitar la contienda,
pero no hay necio que no inicie un pleito.
PROVERBIOS 20:3

Nunca digas: "¡Me vengaré de ese daño!"
Confía en el SEÑOR, y él actuará por ti.
PROVERBIOS 20:22

Como ciudad sin defensa y sin murallas
es quien no sabe dominarse.
PROVERBIOS 25:28

Si se enojan, no pequen;
en la quietud del descanso nocturno
examínense el corazón.
SALMOS 4:4

El necio da rienda suelta a su ira,
pero el sabio sabe dominarla.
PROVERBIOS 29:11

El hombre iracundo provoca peleas;
el hombre violento multiplica sus crímenes.

PROVERBIOS 29:22

Pues Dios es quien produce en ustedes tanto el querer
como el hacer para que se cumpla su buena voluntad.

FILIPENSES 2:13

Maria Maldonado